꼭 읽어야 할 말씀

요한계시록 상

라홍채 지음

쿰란출판사

| 서 문 |

요한계시록을 읽고 그 교훈을 지키는 사람에게는 복이 약속되어 있다.

> "이 예언의 말씀을 읽는 자와 듣는 자들과 그 가운데 기록한 것을 지키는 자들이 복이 있나니 때가 가까움이라"(계 1:3).

하지만 많은 사람들이 이 복을 놓칠 수 있다. 이 책을 잘못 읽거나 잘못 들으면 그렇게 되는 것이다.

이 책 요한계시록은 사도 '요한'이 기록했다고 첫 구절에 나타나 있다(계 1:1). 저작 연대는 1세기경으로, 사도 요한이 도미티안(Domitian) 로마 황제의 박해로 인해 밧모 섬에 유배되었을 때로 본다. 도미티안 황제가 주후 95-96년에 죽고 나서 로마 정부는 요한이 에베소로 돌아가도록 허락했다고 기록하고 있다. 소아시아의 일곱 도시에 있던 교회들에게 보내기 위해 예수 그리스도께서 요한에게 이 계시와 교훈들을 주셨다. 이 책은 약간의 유대인 그리스도인들을 포함한 대다수의 이방인으로 구성된 이들 교회들 사이에 전해졌다.

기록의 목적은 예수 그리스도를 드러내기 위함이었다(계 1:1). 이 책은 예수님과 그분의 능력과 미래에 대한 그분의 계획을 계시한다. 특히 이 책 요한계시록에는 '본다'는 말과 '듣는다'는 말이 수없이 반복되고 있다. 하나님께서는 마지막 때에 일어날 사건들을 그리스도와 그의 천사들을 통하여 요한에게 자세히 보여주셨다. 요한은 자기가 보고 들은 것을 그대로 정확하게 기록한 것이다.

한편 요한계시록의 서언과 결언에 속하는 요한계시록 1장 3절과 22장 6-7절 및 22장 18-19절은 이 책을 예언이라고 규정하고 있다. 대표적인 예로는 요한계시록 2장과 3장의 일곱 교회에게 보내는 편지들을 들 수 있다. 요한계시록은 다른 초기 교회 선지자들의 예언과 다른 점이 있는데, 그것은 말이나 단편적인 글로 전해진 것이 아니라 한 권의 책으로 저작된 예언이라는 점이다.

(1) 천사의 증거 내용들(계 22:6-7)

요한에게 새로운 창조를 보여주었던 천사는 요한에게 속히 일어날 이 일들은 신실하고 참되다고 말했다(계 4장–22:5). 요한이 받은 것을 보여주셨던 분은 주(Lord) 곧 하나님이셨다. 하나님께서는 천사를 보내셔서 선지자들 가운데 하나인 그분의 종이자 제자였던 요한에게 예수 그리스도께서 속히 오실 것을 약속하셨다(계 22:7).

요한계시록 1장 3절 말씀과 같이 특별히 이 말씀의 가르침에 주의하는 자들에게는 복이 있을 것이라는 말씀으로 끝을 맺는다.

(2) 요한의 증거 내용들(계 22:8-11)

요한은 이 "예언들이 참되다"라는 천사의 말을 확신했다. 요한은 자신이 기록한 것들을 직접 듣고 본 것이다. 요한은 천사로부터 이 책을 열어 두라는 지시를 받았다. 예언된 사건들이 완성될 때가 가까웠고, 사람들이 그것을 깨달을 필요가 있었기 때문에 요한은 이 예언서를 열어 두어야 했다. 예언의 말씀이 성취될 때가 가까웠기 때문에 천사는 요한에게 이 경고를 사람들에게 전하도록 명했다(계 22:10). 이는 예수 그리스도를 믿는 것을 더 이상 미루지 말라는 엄한 경고였으며, 불신자들의 결말이 소망이 없음을 보여준다. 그러나 시간이 촉박하기 때문에 우리가 예상할 수 있는 것은 사람들이 악한 일이든지 선한 일이든지 그 하던 일을 계속할 것이라는 사실이다(계 22:11).

(3) 예수님의 증거 내용과 요한의 반응(계 22:12-20)

예수 그리스도께서는 곧 오시리라고 재차 약속하셨다(계 22:12). 그분께서는 선과 악을 모두 갚으실 것이다. 예수 그리스도께서는 그분이 약속하신 바를 성취하실 수 있는 분임을 확증하는 세 가지 칭호를 주셨다. 그것은 바로 그분의 ① 영원성과 ② 주권과 ③ 하나님께서 역사의 시작이시며 목표시라는 것과 시작하신 일을 이루시는 분임을 밝힌 것이다. 어린 양의 피에 의복을 빠는 자(회개하는 자)들은 생명나무에 나아갈 수 있다. 그리고 영생을 누리게 될 것이다. 그들은 문들을 통해 새 예루살렘으로 들어가 하나님과 같이 친밀(intimacy)한 교제를 누리면서 영원토록 나눌 것이다.

예수님께서는 직접 천사라는 중보자를 통해 교회에 관한 이 예언을 요한에게 주셨다. 다윗은 옛 예루살렘의 기초를 세웠지만, 다윗의 위대한 후손은 새 예루살렘에 그 기초를 세우실 것이다. 예수님께서는 다윗의 후손이실 뿐 아니라 조상이시며, 또 다윗의 후손이실 뿐만 아니라 다윗의 뿌리가 되신다. 그분은 다윗 가문에 관한 예언들을 이루신다. 예수님께서는 자신을 가리켜서 광명한 "새벽 별"이라고 하셨다(계 22:16). 새벽 별이 나타나 새 하루가 시작됨을 알리듯이 주님의 재림은 역사적으로 우주의 새날이 시작될 것을 알릴 것이다. 그러므로 이 예언의 말씀을 읽는 모든 자들에게 주 예수님의 은혜가 영원토록 있을지어다. 이렇게 이 모든 일들을 교회로부터 시작하셔서 교회로 끝마치실 것이다. 아멘.

The New King James Version, 1985, 대한성서공회.
개역한글 성경전서.

| 차 례 |

하권

I. 서론

예수 그리스도께서는 완전하신 하나님의 구속(구원) 사역을 요한계시록을 통해 사도 요한에게 지시하시고, 속히 될 일을 보이시려고 천사들을 보내셨다. 일생 동안 애써 온 우리네 신앙생활에도 흠과 티만 가득할 뿐 말씀하신 하나님의 사랑을 깨닫기에는, 마음은 원이로되 우리의 육신이 너무나도 약하였었고, 우리 모두가 시행착오만을 거듭거듭했다. 말로 다할 수 없는 그 크신 '하나님의 구원 계획' 을 지금부터라도 읽고, 듣고, 지키는 자(계 1:3)가 되어 그 놀라운 축복을 받기 원한다. 역사의 마지막 때에 관하여 예언된 귀한 말씀이 가득 가득 담긴 요한계시록의 말씀을 감히 열어 보고자 한다. 이 모든 것들이 우리 성도들의 최대의 관심사가 되고, 가장 중요한 말씀을 받는 순간이 되게 하실 것입니다. 주님께서 저희들에게 주시는 마지막 통첩이오니 반성하면서 받게 하옵소서.

이는 "반드시 속히 될 일"들을 계시한 책이다. 네가 보는 것을 일곱 교회에 보내라고 명하셨다(계 1:11). 과거에 비밀이었던 하나님의 구속(구원) 계획의 전개로(롬 16:25; 엡 3:3), 현재에 계시된 영적 진리로(엡 1:17; 고전 14:6), 하나님께서 인류 역사 속에 침투해 들어오실 미래에 대한 사건들로(요 1:14; 요일 1:1-4; 롬 2:5, 8:19; 고전 1:7; 살후 1:7) 우리 교회의 권속들에게 주시면서 "보라 내가 속히 오리니 이 책의 예언의 말씀을 지키는 자가 복이 있으리라…"(계 22:7)라고 하셨다.

주님 오심에 대한 시간적인 권한을 말하려고 한다. 일찍이 사도행전 1장 7절에서 "가라사대 때와 기한은 아버지께서 자기의 권한에 두셨으니 너희의 알 바 아니요"라고 했는데, 이것은 곧 아버지께서 그 기한을 정하시기만 하면 '지금' 즉 '당장이라도' 오실 수 있기 때문에 "속히 오리니" 하신 것이다(마 24:36). 그만큼 아버지의 위력은 크다.

요한은 직접 보고 들은 메시지와 예언과 환상을 소아시아 해안 지역에서 떨어진 밧모 섬에서 기록했다. 사도 요한은 신앙 때문에 그곳에 유배되어 있었다. 그는 말세에 일어날 일들을 신자들에게 알리고, 또한 그들에게 회개와 충성을 권고할 목적으로 이 책을 기록하였다.

"세월을 아끼라 때가 악하니라"(엡 5:16).

그러므로 어리석은 자가 되지 말고 오직 주의 뜻이 무엇인가 이해하고 구별해야 한다. "속히 오리니 - 계 22:7"는 시간에 관한 내용이며, 어디까지나 'time-chart'에 속한다. 시간은 정지하지(stop)도 않고, 또 기다려(wait) 주지도 않는다. 그러므로 주어지는 현재를 꾸준히 성실하게 살아가는 길밖에는 없다. 그렇게 그렇게 시간은 계속 달리고 있으니 말이다.

바른 진리를 상실한 아시아의 일곱 교회를 향한 메시지는 책망과 교훈으로, 때로는 칭찬과 격려로 권면하셨다. 교회는 주님의 엄청난 기대 가운데 서(stand) 있지만, 지금 이 시대의 심각한 문제는 바로 세상과 교회의 문턱이 허물어져서 세상을 닮아 가는 데 있다. 그러나 주님은 자신의 피로(His blood) 값 주고 사신 교회가 주님이 기대하시는 수준까지 성장하지 못하는 것을 견디지 못하신다. 교회가 완전한 수준에 도달할 때까지 만족하지 않으실 것이다(엡 5:27).

> "자기 앞에 영광스러운 교회로 세우사 티나 주름잡힌 것이나 이런 것들이 없이 거룩하고 흠이 없게 하려 하심이니라"(엡 5:27).

이제 용기를 내자. 주님이 교회를 향해서 "너는 내 운명"이라고 십자가 위에서 말씀하셨기 때문에 우리는 궁극적으로 구속함을 받은 것이다.

이 책은 요한의 시대로부터 시작하여 현재의 우주가 멸망[현재의 땅과 하늘이 없어지고(계 20:11) 다시 새로운 장면을 보았다(계 21:1)]하고, 다니엘의 70번째 이레(단 9:25-27)의 대환란 기간 동안 이 땅에 내릴 심판, 즉 일곱 인과 일곱 나팔과 일곱 대접을 다 거친 마지막 일곱 번째 나팔 때에 주님이 우리를 데리러 이 지구상에 임(=오심)하실 때까지의 일을 기록한 것이다. 그때까지 우리는 인내하면서 우리의 믿음을 지켜야 한다(살전 4:14-17).

또 이 책에 나타난 계시가 주 예수님께서 감람산 강화(講話) 때 가르치신 것과 일치함을 볼 수 있다(마 24장; 막 13장; 눅 21장). 요한계시록은 선지자 다니엘이 받았던 계시(단 2장, 7-12장)와 감람산 강화를 기초로 하고 있는 것이 분명하다. 그리고 닮은 점이 매우 많다. 이것을 볼 때 창조의 근본이신 주님의 약속이 틀림없으며, 이 세상을 다스리시는 하나님의 절대 주권으로 다루고 계심을 알 수 있다.

어린 양의 재림을 둘러싼 사건들(계 19:11-21), 즉 예수 그리스도의 재림과 동시에 사탄의 패배와 결박-천년왕국-사탄의 종말-최후 심판-거룩한 보석 성(요한은 이 성의 영광을 아름다운 보석의 광채에 비유했다) 새 예루살렘과 함께 우리 모두는 새 하늘과 새 땅에서 영생을 누리기 위하여 영생의 길로 들어간다. 이 성문들을 통해 여러 부류의 성도들이 하나님의 영광과 존귀를 가지고 들어올 것이다. 그곳은 바로 그토록 원하고 원하던 내 아버지의 집, 내 고향, 내 본향이다.

아담과 하와가 범죄했을 때 그들은 에덴 동산에서 영생으로 가는 길을 잃게 되었다. 그러나 새 예루살렘에서는 그가 결코 다시 나가지 아니하리라고 하셨다(계 3:12).

"…그가 결코 다시 나가지 아니하리라…"(계 3:12).

곧 창세기 3장 15절에서 여자의 후손으로 승리하실 것을 약속하신 그 절정이 바로 이 순간에 마침내 완성하시는 하나님의 뜻, 즉 '하나님의 구원 계획'이었다.

"내가 너로 여자와 원수가 되게 하고 너의 후손도 여자의 후손과 원수가 되게 하리니 여자의 후손은 네 머리를 상하게 할 것이요 너는 그의 발꿈치를 상하게 할 것이니라 하시고"(창 3:15).

이제 그 길고도 길었던 인간 역사가 여기서 막을 내리고, 새 하늘과 새 땅이라는 새 집으로 우리는 이사를 간다(신령한 몸이요, 예수님께 속한 자들만이). 그곳에서 우리 모두는 주님과 같이 한집에서 살면서 영생복락을 누릴 것이다.

Ⅱ. 요한계시록의 개요

1. 요한계시록의 개요
2. 다니엘의 종말 예언
3. 마태복음 24장의 예수님의 종말 예언
4. 다니엘과 마태복음 24장 비교
5. 다니엘과 예수님의 종말 예언,
   요한계시록의 예언과의 비교

사도 요한은 로마 제11대 황제인 도미티아누스(AD 81-96) 당시 밧모 섬에 유배되었다(AD 95년경). 도미티아누스 황제는 자신의 지배권을 강화하기 위해 스스로를 신격화하고 로마 지배하에 있는 모든 사람들로 하여금 자신을 신으로 숭배하게 했다. 그러나 소아시아 지역의 교회들이 황제 숭배를 거부함으로 도미티아누스 황제는 그들에게 대대적으로 박해를 가했다. 그리고 정치범이나 특히 악한 죄인들을 밧모 섬에 유배시켰다. 이때 사도 요한도 황제 숭배를 거부했으므로 체포되어 밧모 섬에서 유배 생활을 하고 있었다. 사도 요한이 다니엘의 기도(단 9:3-19)와 같이, 또 겟세마네 동산에서의 기도(마 26:37-46)와 같이 간구했을 때 어느 날 요한에게 말씀이 임하고, 반드시 속히 될 일과 장차 있게 될 계시를 하나님께서 보여주셨다.

그래서 요한계시록을 예수 그리스도의 계시라(계 1:1)고 명확하게 나타내시고 천명(바르게 깨닫게)하셨다. 이 계시의 주체는 사도 요한이 아니고 예수 그리스도이시다. 사도 요한은 그 계시를 바르게 증거하는 대언자일 뿐이다. 예수님은 교회를 위하여 내가 내 사자를 보내어 요한계시록을 증거하게 하였다고 말씀하셨다(계 1:18-20; 22:16). 사도 요한은 하나님의 말씀과 예수 그리스도의 증거, 곧 자기가 본 것을 증거하였다(계 1:2). 이것은 개인의 사상이나 견해가 아닌 실제로 본 것과 앞으로 다가올 일들을 있는 그대로 증거한 것이다. 그 증거는 하나님의 말씀을, 예수 그리스도께서 직접 새 언약(렘 31:31-33)의 중보자로(히 12:24) 증거하셨다. 그러므로 요한계시록은 성도들에게는 쉬운 말씀이요 또 그렇게 되어야 하고, 예수님을 잘 모르는 사람들에게는 매우 어렵고 이해할 수 없는 말씀이라고 할 수 있다(창 3:24). 그러나 하나님께서는 사랑하는 우리 인간들에게 한번 언약으로 하신 말씀(창 3:15)은 이루시고, 그것을 이루시기 위하여 수없이 반복하시고, 여러 차례에 걸쳐서 보여주시고 계시하시는 '여호와 하나님'이심을 알 수 있다. 하나님께서는 전지전능하시고 미리 계획도 하시면서 전혀 빈틈이 없으시다.

요한계시록을 보면 알겠지만 아담과 하와가 하나님께 불순종하고 하나님의 곁을 떠났음에도 불구하고 하나님은 그 약속하신 구원을(창 3:15) 여자의 후손(범죄한 아담의 후손이 아닌)을 통해서 기어코 성취하신다. 구구절절이(성경의 각 장과 절에서) 성경에 잘 나타나 있다. 또 다니엘이 주님의 법도를 떠나 패역한 포로민들(유다 공동체)을 위한 회개기도를 하고 있을 때 가브리엘 천사(단 9:21)가 빨리 날아와서 "네 백성과 네 거룩한 성을 위하여 칠십 이레로 기한을 정하였나니…"(단 9:24)는 이상을 보여주셨다. 그때는 바로 포로 귀환의 때였다. 즉 고레스 왕 3년 주전 536년경으로, 세계 열강들의 움직임을 통해 세상을 주관하시는 하나님의 뜻인 큰 전쟁(단 10:1)에 관한 일이 일어날 것을 알리셨다. 그리고 다니엘 9장 24절 말씀과 같이 "칠십 이레"가 70번째 이레인 유대인의 마지막 역사로 종료될 것을 분명히 알게(깨닫게) 하시는 이상도 동시에 보여주셨다. 그러므로 우리는 뜨인 돌과 금 신상과 칠십 이레와 요한계시록을 같은 선상에 놓고 생각하여야 한다.

이 "칠십 이레"는 유대인의 마지막 역사일 뿐더러 영적 이스라엘인 이방인에게까지도 그 영향이 미칠 것이며, 이때에는 적그리스도도 등장한다(단 9:27). 사악한 이 적그리스도는 후 삼 년 반의 기간에 가서 하나님의 종들(성도들)을 괴롭히고, 한 때 두 때 반 때 동안에 걸쳐서 핍박을 행할 것이다. 또 온 천하의 임금들을 불러모아서 전쟁(아마겟돈, 계 16:16)을 일으켜서 불빛과 유황빛 흉갑이(핵전쟁으로) 사람들을 죽이면서 불과 연기와 유황의 재앙들로 나타나나 백마를 타고 오실 예수님께서 입에서 나오는 검으로 만국을 치시겠고, 곧 전능하신 하나님께서 맹렬한 진노의 포도주 틀을 밟으실 것이다. 그는 만왕의 왕이요 만주의 주가 되시기 때문이다(계 19:14-16).

하나님의 때(갈 4:4), 주후 1년에 예수님께서는 약속하신 대로 임마누엘로(마 1:23) 우리에게 찾아오셨다(사 7:14; 미 5:2).

"때가 차매 하나님이 그 아들을 보내사 여자에게서 나게 하시고 율법 아래 나게 하신 것은"(갈 4:4).

정확하게도 주후 30년에 예수님은 기름 부음을 받으시고(눅 3:23; 단 9:25) 갈릴리에서 공생애를 시작하셨다(눅 4:17-18; 사 61:1-2, 9:1-7). 또 주님께서는 정확하게 대환란 후에 주님이 재림하신다고 증거하셨다(마 24:29-30). 이 일은 주전 536년에 다니엘의 예언을 통해 입증시켰다(단 9:24). 또 주후 96년경에 사도 요한이 요한계시록을 직접 예수님이 하신 말씀으로 기록하였으니 성경을 찾아보기 바란다(계 1:7, 19:11-20). 그러므로 먼저 다니엘의 예언서와 요한계시록과 예수님의 예언을 연결시켜서 해석한다면 요한계시록의 예언을 미래에 다가올 일들로 알 수 있고 준비하는 자(성도들)가 될 것이다.

다니엘의 증언 – "내가 또 밤 이상 중에 보았는데 인자 같은 이가 하늘 구름을 타고(주님 재림) 와서 옛적부터 항상 계신 자에게 나아와 그 앞에 인도되매 그에게 권세와 영광과 나라를 주고 모든 백성과 나라들과 각 방언하는 자로 그를 섬기게 하였으니 그 권세는 영원한 권세라 옮기지 아니할 것이요 그 나라는 폐하지 아니할 것이니라"(단 7:13-14).

예수님께서 하신 말씀 – "그날 환난 후에 즉시 해가 어두워지며 달이 빛을 내지 아니하며 별들이 하늘에서 떨어지며 하늘의 권능들이 흔들리리라 그때에 인자의 징조가 하늘에서 보이겠고 그때에 땅의 모든 족속들이 통곡하며 그들이 인자가 구름을 타고(주님 재림) 능력과 큰 영광으로 오는 것을 보리라"(마 24:29-30).

사도 요한의 증언 – "볼지어다 구름을 타고 오시리라(주님 재림) 각인의 눈이 그를 보겠고 그를 찌른 자들도 볼 터이요 땅에 있는 모든 족속이 그를 인하여 애곡하리니 그러하리라 아멘"(계 1:7).

요한계시록에서 문제가 되는 것은 'When is Jesus Return'이다. 즉 주님이 언제 다시 이 세상에 오시나 하는 재림의 문제이다. 가장 두드러진 모습으로는 금 신상을 친 "뜨인 돌" 이다(단 2:34). 이 돌이 금 신상을 치니 다 부서져 여름 타작마당의 겨같이 되어 바람에 불려 간 곳이 없었고, 우상(금 신상)을 친 돌은 태산을 이루어 온 세계에 가득하였다. 이는 사람의 손이 아닌 산에서의 "뜨인 돌"(예수님)이었다. 주님께서는 이렇게 주님의 때에 오신다.

요한계시록은 신약에서 앞으로 될 일을 보여주시기 위한 묵시(계시)의 기록이다. 그런데 그동안 많은 사람들이 노력을 해왔고 수

많은 견해를 만들어냈다. 그래서 어떤 견해를 좇아야 할지 난감하기 이를 데 없는 상황이 현재까지 계속되고 있다. 이런 견해의 근본적인 문제는 구약의 언약을 배제하고(빼내고) 단독적으로 요한계시록만을 고집하고 해석하는 데 있다. 그래서 요한계시록은 신약에서 가장 난해한 책이라 하기도 하고, 요한계시록에 손을 대려 하면 이단이니 삼단이니 하는 일들이 일어나는 것이다. 그러나 요한계시록은 하나님이 사랑하시는 하나님의 백성들에게 하시는 말씀이다. 정말 하나님의 말씀이라면 하나님이 사랑하시는 자녀들(성도)에게는 쉬운 말씀이 되어야 하지 않겠는가?

요한계시록에서 예수님은 3단계로 연속하여 말씀하셨다. 사랑하는 요한에게 ① 네 본 것과 ② 이제 있는 일과 ③ 장차 될 일을 기록하라고 하셨다(계 1:19). 이것이 바로 요한계시록이 나아가야 할 길이다. 그런데 지금 우리는 요한계시록을 인봉하고 또 멀리하는 잘못을 범하며 살고 있다. 그리하여 성도들이 앞으로 무엇을 보아야 할지, 무엇을 기다려야 할지, 어떤 길로 가야 할지도 모르고, 지금 이 시대가 어느 때인지조차 모른 채 방향감각을 잃어버리고 살아가는 것이다. 우리가 읽고 있는 성경을 자세히 보면 요한계시록은 예수님께서 특히 세 번째로 사도 요한을 통해서 하신 계시의 말씀이다. 첫 번째는 다니엘을 통해 하셨고, 두 번째는 마태복음

24장의 말씀으로, 이 두 예언의 말씀을 읽은 후에 요한계시록의 예언의 말씀을 읽을 때 요한계시록의 뜻이 확 열리는 것을 알게 될 것이다.

요한계시록에는 우리가 잃어버렸던 축복이 회복되는 길이요, 앞으로 다가올 일이요, 꼭 이루어질 일들이요, 속히 될 일이라는 귀하고도 엄청난 축복의 말씀이 들어 있다. 이 말씀을 읽고 듣고 그 가운데 기록된 것을 행하는 자가 복이 있다고 했다.

> "이 예언의 말씀을 읽는 자와 듣는 자들과 그 가운데 기록한 것을 지키는 자들이 복이 있나니 때가 가까움이라"(계 1:3).

대부분의 사람들은 구약성경을 읽은 다음에 신약성경을 읽는다. 그리고 마지막에 요한계시록이 있는 것을 모르는 사람은 아무도 없을 것이다. 그런데 과거에도 그랬고 현재에도 그렇지만 요한계시록은 읽고 또 읽어도 더욱더 복잡해져만 가고, 읽는 자들이 수많은 견해를 만들어내어 어떤 견해를 따라야 할지 난감하기만 하다. 또 그 많은 견해들 앞에서 아주 요한계시록을 인봉해 버리고(닫아 버리고) 멀리하고 있는 실정이다. 정말 엄청난 잘못을 우리 스스로 범하고 있다.

예수님께서는 요한계시록을 읽고 듣고 행하는 자가 복이 있다고 말씀하셨다. 지금 이교도들은 요한계시록의 축복의 말씀을 부분적으로 빼내어 전 세계의 예수 믿는 자들을 미혹하고 있다. 그리고 이 축복된 요한계시록의 말씀을 멀리하게 하고 있다. 그 이유는 예수 믿는 자들이 요한계시록을 잘못 읽고 있기 때문이다. 우리가 분명히 알아야 할 것은 요한계시록의 많은 말씀들이 흩어져 있다는 것이다. 예수님이 한 장면 한 장면을 보여주시는 대로 사도 요한이 기록했기 때문에 요한계시록의 개요대로 읽다 보면 한 장면과 그다음 장면을 순조롭게 연결할 수 없어 요한계시록을 읽어도 이해할 수 없다는 것을 느낄 것이다. 그렇다면 요한계시록을 어떻게 읽어야 할 것인가 하는 문제가 생긴다.

요한계시록을 읽는 방법은 먼저 ① 다니엘서를 여러 번 읽고 ② 마태복음 24장과 비교한 후에 ③ 결론은 나중에 내리는 것이다. 요한계시록은 대환란 후에 예수님께서 재림하시면 신실한 성도와 참 교회가 휴거되고 회복된다는 말씀이다. 주님께서 재림하시는 것을 토대로 요한계시록을 읽으면 정말 쉽게 이해할 수 있다. 그러면 요한계시록이 완전히 열리면서 스스로가 충분히 알게 될 것이다. 말씀과 말씀이 서로 연결되고 회복되는 일을 보게 될 것이다.

1. 요한계시록의 개요

계 1장 예수 그리스도의 계시라(계 1:1)

① 반드시 속히 될 일, 때가 가까이 오고 있다.

② 삼위일체의 모습(계 1:4-6)

전에도 계셨고 - 성부 하나님

충성된 증인 - 성자 하나님

보좌 앞에 일곱 영 - 성령 하나님

③ 주님 재림의 모습(계 1:7)

구름을 타고 오시리라. 각인이 그를 보겠고, 모든 족속이 통곡

④ 하나님의 모습(계 1:8)

알파와 오메가요 이제도 계시고 전에도 계셨고 장차 올 자요 전능한 자라

⑤ 예수님의 모습(계 1:12-16)

단 10장(머리가 흰 털 같고, 눈은 불꽃 같고, 발은 빛난 주석 같고, 음성은 물소리 같고)

⑥ 예수님의 두 가지 비밀

내 오른손에는 일곱 별 - 교회의 종, 참 종의 비밀

일곱 금 촛대 - 참 교회, 진리를 담고 있는 교회

계 2장 에베소·서머나·버가모·두아디라 교회

계 3장 사데·빌라델비아·라오디게아 교회

계 4장 하늘 보좌를 보여줌(계 4:2-4)

네 생물(계 4:7-9)

계 5장 인을 뗄 자(계 5:5) - 유대 지파의 사자 다윗의 뿌리가 이기었다.

인을 뗄 자의 모습(계 5:6) - 어린 양, 일찍 죽임을 당한 것 같더라.

계 6장 인 재앙

첫째 인 : 흰 말(적그리스도) - 저 불법의 사람 곧 멸망의 아들

둘째 인 : 붉은 말 - 전쟁

셋째 인 : 검은 말 - 극심한 기근

넷째 인 : 청황색 말 - 죽음

다섯째 인 : 순교자의 호소 - 피를 신원하여 주시기를

여섯째 인 : 천체 변동 - 하늘은 종이 축이 말리는 것같이 떠나감.

계 7장 십사만 사천 흰옷 입은 큰 무리
계 8장 일곱째 인(계 8:1-6) 뗄 때 하늘이 고요 첫째 나팔 - 피 섞인 우박 둘째 나팔 - 바다 1/3이 피로 변함. 셋째 나팔 - 강들의 1/3이 쑥이 되매 많은 사람들이 죽음. 넷째 나팔 - 해, 달, 별의 1/3이 침을 받아 어두워짐(주의 종들의 타락). 세 가지 화가 나타날 것임.
계 9장 다섯째 나팔 - 황충이 나옴 - 첫째 화 여섯째 나팔 - 유브라데에 결박한 천사를 놓아줌 - 사람 1/3이 죽음(제3차 세계 대전쟁) - 둘째 화
계 10장 작은 책(=요한계시록) 지체하지 아니하리니 – 계 10:6 하
계 11장 두 증인(전 3년 반 동안 사역함) 두 증인 순교(후 3년 반 시작 때) 일곱째 나팔(계 11:15-19) - 주님 재림 - 셋째 화(계 10장-지체하지 아니하리니) 두 증인의 휴거
계 12장 해입은 여자(=교회) - 예비처 하와, 사라, 리브가, 라헬, 에스더, 술람미 재림 신앙으로 무장한 참 교회
계 13장 짐승표(=666) 바다에서 나오는 짐승(적그리스도) 땅에서 나오는 짐승(거짓 선지자) 짐승표(계 13:16-18) - 666
계 14장 십사만 사천의 자격 곡식 추수 - 대환란 때 구원받을 성도를 상징 포도송이 추수 - 진노의 포도주(거짓 선지자, 불신자의 심판)
계 15장 유리바다 같은 것 - 세상의 무서운 대환란 속을 말함.
계 16장 대접 재앙 첫째 대접 - 짐승표 받은 자 독한 헌데가 생김. 둘째 대접 - 바다 생물 죽음. 셋째 대접 - 물 근원이 피로 변함. 넷째 대접 - 해가 권세를 받아 불로 사람을 태움.

다섯째 대접 - 짐승 보좌에 쏟음, 그 나라가 곧 어두워짐. 여섯째 대접 - 아마겟돈 전쟁, 강물이 말라 왕들의 길이 예비됨. 일곱째 대접 - 공기에 쏟으매 보좌로부터 "되었다" 하나님의 진노가 종료됨.
계 17장 큰 음녀 - 배도한 교회, 음녀의 최후 짐승과 어린 양의 싸움
계 18장 하나님의 진노 - 큰 성 바벨론의 멸망
계 19장 하늘의 찬양(천사와 피조물) 어린 양의 혼인 기약이 이르렀고, 주님 재림, 짐승의 멸망(적그리스도와 거짓 선지자) 해 입은 여자 휴거
계 20장 사탄 결박 - 무저갱 첫째 부활, 둘째 사망, 곡과 마곡의 싸움, 그리스도의 심판대 천년왕국, 백보좌 심판대
계 21장 새 하늘과 새 땅, 새 예루살렘
계 22장 속히 될 일 - 마지막 경고, 복과 저주, 영생복락, 예수님의 약속

〈도표 II-1〉

2. 다니엘의 종말 예언

다니엘은 주전 605년에 바벨론 제국의 포로로 잡혀갔다. 그 후 그는 바벨론 왕 느부갓네살의 특별한 배려로 왕궁에서 살게 되었다. 이때 느부갓네살 왕이 꿈을 꾸었는데 그 꿈을 알 수 없어 번민하고 있었을 때 다니엘이 기도로 그 이상을 보고 느부갓네살 왕의 꿈을 해석하게 된다. 그 꿈은 다니엘 2장 전체에 속하며, 이 꿈에서 보듯이 하나님께서는 이방 왕 느부갓네살을 사용하시고 앞으로 세계 열강을 통해 세계가 어떻게 움직일지를 알리신다.

하나님은 세계를 움직이시는 분이 바로 하나님 자신임을 금 신상을 통하여 잘 보여주실 뿐 아니라 뜨인 돌이신 예수님께서 재림과 동시에 오셔서 모든 것을 회복시키신다고 말씀하셨다. 다니엘 4장에서 느부갓네살 왕이 큰 나무 꿈을 꾼 일도 마찬가지로 주님께서 다시 오실 때 모든 것이 회복된다는 약속의 말씀이다. 벨사살 왕이 손가락이 쓴 글자를 본 일도 천국과 지옥이 있다는 다니엘의 이상과 동일한 해석이 된다.

다니엘서의 네 짐승(단 7장)에 대한 이상도 동일한 뜻을 포함하고 있다.

"…그 권세는 영원한 권세라 옮기지 아니할 것이요…"(단 7:14).

그날 환난 후에(마 24:29-31) 주님이 재림하실 때 성도들은 휴거되어(살전 4:15-17) 구름 위에서 주님을 영접한다는 예언이다. 다니엘 9장에서도 칠십 이레에 이스라엘의 구원의 역사가 끝이 난다고 예언한다. 바벨론에서 2차 포로로 귀환하여 성을 중건할 때부터 육십이 이레 끝에는 기름 부음 받은 자(눅 3:23)가 오실 것이요(마 1:23-임마누엘로 오신 예수님), 그 후에는 기름 부음을 받은 자가 끊어진다고 하셨다(요 19:30-예수님의 십자가). 그 후부터 지금까지 계속되고 있는 역사는 이스라엘의 구원 역사에 포함되지 않는 이방인(이스라엘 민족을 제외한)의 구원시대인 은혜의 시대이다. 하나님은 이방인의 충만한 수가 들어오기(차기)까지(이 충만한 수는 비밀이다-롬 11:25), 즉 마지막 이 한 이레가 연결되면서 대환란이 끝이 남과 동시에 주님께서 재림하실 때에는 허물이 마치며, 죄가 끝나며, 죄악이 영원히 구속함을 받으며, 영원한 의가 드러나며, 이상과 예언들이 속속히 응하며, 또 지극히 거룩한 자가 기름 부음을 받게 된다(단 9:24).

"볼지어다 구름을 타고 오시리라 각인의 눈이 그를 보겠고 그를 찌른 자들도 볼 터이요 땅에 있는 모든 족속이 그를 인하여 애곡하리니 그러하리라 아멘"(계 1:7).

"…저희 원수들도 구경하더라"(계 11:12 하).

분명히 이렇게 된다. 만방의 민족들이 보는 가운데 성도들은 휴거되어 "구름 속으로 끌어 올려 공중에서 주를 영접하게 하시리니 그리하여 우리가 항상 주와 함께 있으리라"(살전 4:17)는 축복으로 들어가게 된다. 다니엘의 총괄적인 예언은 열강들에 의해서 세계가 움직이고, 주관자는 하나님이시며, 대환란 후에 주님이 오실 때 올바른 성도와 교회는 휴거된다는 예언이다. 그 어떤 경우에도 주님께서 재림하시기 전에는 절대로 어떤 성도도, 교회도 휴거가 없다는 하나님의 말씀이다(도표 Ⅱ-2).

▣ 이 아래에 열거된 말씀들은 매우 매우 매우 대단히 중요하다!

▣ 명심하기 바란다. ×3

▣ 휴거가 요한계시록 4장에 있다. - 아니다.

▣ 휴거가 요한계시록 11장에도 있다. - 절대로 아니다.

▣ 휴거가 요한계시록 19장에도 있다. - 여기가 정말 재림장이다.

▣ 요한계시록 19장의 재림장 이외에는 절대로 근거가 없는 휴거요, 가짜요, 거짓말이다.

▣ 주님 재림은 꼭 요한계시록 19장이다(계 19:11-21).

주님께서 재림하실 때는 '하늘이 활짝 열린다.' 우선 요한계시록 19장 11절 말씀만 찾아보자. 나머지 요한계시록 19장 12-21절 말씀은 각자 찾아보기 바란다.

> "또 내가 하늘이 열린 것을 보니 보라 백마와 탄 자가 있으니 그 이름은 충신과 진실이라 그가 공의로 심판하며 싸우더라"(계 19:11).

우리는 앞으로 지극히 거룩한 자의 백성이 될 텐데 '가치 없는 휴거'는 없다.

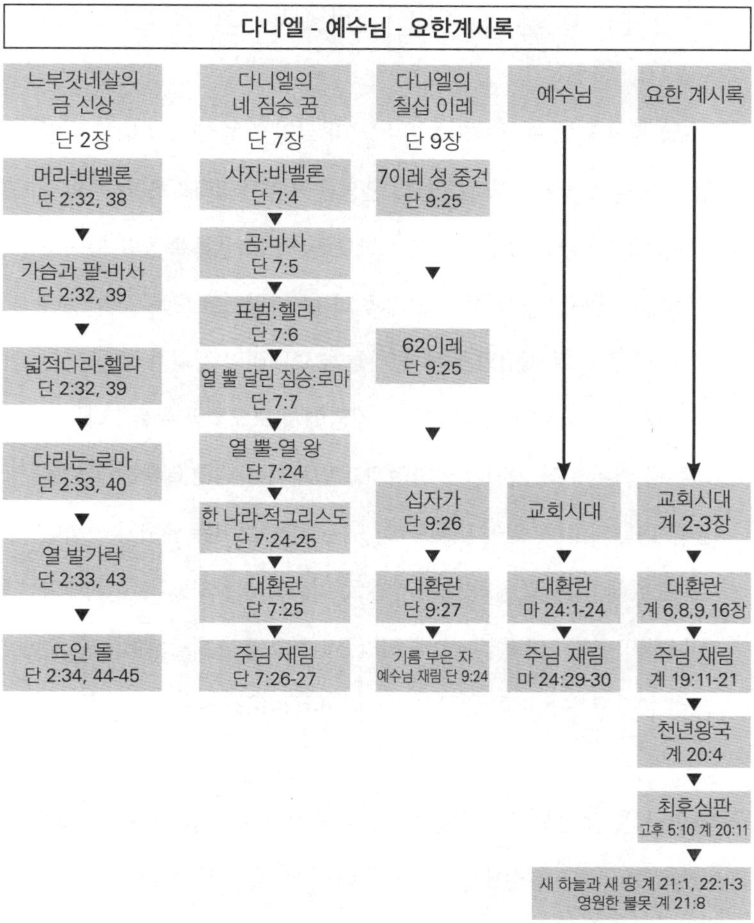
다니엘 - 예수님 - 요한계시록
느부갓네살의 금 신상
단 2장
머리-바벨론 단 2:32, 38
가슴과 팔-바사 단 2:32, 39
넓적다리-헬라 단 2:32, 39
다리는-로마 단 2:33, 40
열 발가락 단 2:33, 43
뜨인 돌 단 2:34, 44-45
다니엘의 네 짐승 꿈
단 7장
사자:바벨론 단 7:4
곰:바사 단 7:5
표범:헬라 단 7:6
열 뿔 달린 짐승:로마 단 7:7
열 뿔-열 왕 단 7:24
한 나라-적그리스도 단 7:24-25
대환란 단 7:25
주님 재림 단 7:26-27
다니엘의 칠십 이레
단 9장
7이레 성 중건 단 9:25
62이레 단 9:25
십자가 단 9:26
대환란 단 9:27
기름 부은 자 예수님 재림 단 9:24
예수님
교회시대
대환란 마 24:1-24
주님 재림 마 24:29-30
요한 계시록
교회시대 계 2-3장
대환란 계 6,8,9,16장
주님 재림 계 19:11-21
천년왕국 계 20:4
최후심판 고후 5:10 계 20:11
새 하늘과 새 땅 계 21:1, 22:1-3
영원한 불못 계 21:8

〈도표 II-2〉

3. 마태복음 24장의 예수님의 종말 예언

"그날 환난 후에 즉시 해가 어두워지며 달이 빛을 내지 아니하며 별들이 하늘에서 떨어지며 하늘의 권능들이 흔들리리라 그때에 인자의 징조가 하늘에서 보이겠고 그때에 땅의 모든 족속들이 통곡하며 그들이 인자가 구름을 타고 능력과 큰 영광으로 오는 것을 보리라 저가 큰 나팔 소리와 함께 천사들을 보내리니 저희가 그 택하신 자들을 하늘 이 끝에서 저 끝까지 사방에서 모으리라 무화과나무의 비유를 배우라 그 가지가 연하여지고 잎사귀를 내면 여름이 가까운 줄을 아나니 이와 같이 너희도 이 모든 일을 보거든 인자가 가까이 곧 문 앞에 이른 줄 알라 내가 진실로 너희에게 말하노니 이 세대가 지나가기 전에 이 일이 다 이루리라…이러므로 너희도 예비하고 있으라 생각지 않은 때에 인자가 오리라"(마 24:29-34, 44).

예수님은 감람산 위에 앉아 계실 때(일명 '감람산 강화') 제자들에게 세상의 끝에 이루어질 일들에 대해서 말씀하셨다. "너희는 사람에게 미혹을 받지 않도록 주의하라. 많은 사람들이 내가 그리스도라 하며 미혹하게 할 것이고, 난리와 난리 소문을 듣겠으나 그러한 일들이 있어야만 세상의 끝이 온다"라고 말씀하셨다. 이것도 아주 중요하니 기억하기 바란다. "내가 예수다. 그리스도다"라고 하는 이단에(가짜 세력) 속아서는 안 되기 때문이다. 그때에 많은 사람들이 시험에 빠져 서로 잡아 주고 서로 미워하고 특히 거짓 선지자가 많이 일어나 많은 사람들을 미혹하게 할 것이며, 불법이 성하므로 많은 사람들의 사랑이 식어지리라. 그러나 끝까지 견디는(지키는) 자는 구원을 얻으리라. 이 천국 복음이 모든 민족에게 증거되기 위해서 온 세상에 전파되리니 그제야 끝이 온다고 하셨다.

> "그날 환난 후에 즉시 해가 어두워지며 달이 빛을 내지 아니하며 별들이 하늘에서 떨어지며 하늘의 권능들이 흔들리리라"(마 24:29).

> "그때에 인자의 징조가 하늘에서 보이겠고 그때에 땅의 모든 족속들이 통곡하며 그들이 인자가 구름을 타고 능력과 큰 영광으로 오는 것을 보리라 저가 큰 나팔 소리와 함께 천사들을 보내리니 저희가 그 택하신 자들을 하늘 이 끝에서 저 끝까지 사방에서 모으리라" (마 24:30-31).

이들이 구름 위로 휴거되어 주님을 영접하는 큰 영광의 순간이다. 다시 말해, 예수님의 종말 예언도 대환란 후에 진정으로 예수님이 구름 타고 오실 때 신실하게 믿은 모든 성도들과 교회가 휴거되어 구름 위에서 예수님을 영접한다는 것이다(도표 Ⅱ-2).

4. 다니엘과 마태복음 24장 비교

하나님께서는 구약의 대선지서와 소선지서를 통해서 많은 예언의 말씀을 주셨다. 이사야, 예레미야, 에스겔, 다니엘과 소선지자들을 통해서 종말에 대한 예언을 말씀하셨다. 그중 다니엘은 주전 605년에 사드락, 메삭, 아벳느고와 함께 바벨론의 포로로 잡혀갔다. 그는 기도하는 사람이었고, 또 기도로 종말에 대한 많은 이상을 보았다. 그래서 바벨론 왕 느부갓네살의 꿈과 벨사살 왕의 이상을 해석할 수 있었다.

하나님께서는 유다 왕국이 죄와 이방 신을 섬기는 타락한 생활에서 회개하라는 선지자의 외침을 듣지 아니함으로 창세기 3장 15절의 언약, 즉 여자의 후손이 나오는 길을 예비할 수 없는 상태이므로 이방 나라 바벨론을 통해서 징계하셨고(렘 25:11; 단 9:2), 고레스 왕(사 45장)의 칙령으로 회복시키시며 앞으로 세계 정세가 열강을 통해 움직이게 하셨다. 이 일은 하나님께서 주관하고 계심을 다니엘 선지자를 통해서 친히 보여주심과 같다. 그것이 신약이든 요한계시록이든 간에 앞으로 하나님께서는 지금까지 이런 환난이 없었고 후에도 없으리라(마 24:21)고 말씀하셨다. 이런 대환란이 다가오고 있지만 곧 예수님께서 재림으로 오셔서 모든 것을 회복시키신다는 것을 선지자 다니엘에게 보여주셨다. 주님이 다시 오셔서 모든 것을 회복시키신다는 마태복음 24장의 예언의 말씀이 다니엘서와 같음은 이 예언의 주관자가 한 분이신 예수 그리스도이시기 때문이다(도표 Ⅱ-2).

5. 다니엘과 예수님의 종말 예언, 요한계시록의 예언과의 비교

다니엘의 종말 예언 – 도표 Ⅱ-2와 같이 다니엘 2장에서의 뜨인 돌, 다니엘 7장에서의 대환란 후에 주님이 재림하실 때 모든 성도와 교회가 휴거됨을 예언하셨고, 다니엘 9장에서도 육십이 이레에 기름 부음을 받은 자가 나오고 그 후에 기름 부음을 받은 자가 끊어진 후 대환란이 끝나고 주님이 다시 재림하실 때 모든 것이 회복된다는 말씀은 대환란 후에 주님이 오실 때 성도의 휴거와 교회의 휴거가 있게 된다는 말씀과도 동일하다.

예수님의 종말 예언 – 대환란 후 해가 어두워지고 달이 빛을 내지 아니하며 별들이 하늘에서 떨어지며 하늘의 권능들이 흔들릴 것이다. 그때 하늘에서 예수님이 보일 것이요, 땅의 모든 족속들이 통곡하며 그들이 인자가 구름을 타고 큰 능력과 영광으로 오시는 것을 볼 것이다(마 24:30). 예수님은 성도와 교회가 휴거될 것을 정확히 보여주시며 예언하셨다.

요한계시록의 예언 – 사도 요한은 밧모 섬에 유배되어 기도하던 중에 예수님의 계시로 요한계시록을 쓰게 되었다. 요한계시록은 다니엘의 종말 예언이 쓰여진 약 650년 후 신약에서 예수님이 종말 예언을 하신 때로부터 65년 후에 하나님께서 사도 요한에게 말씀하심으로 기록되었다. 하나님은 ① 앞으로 될 일 ② 앞으로 다가올 일 ③ 꼭 이루어질 일들을 다니엘에게 보여준 것보다 더욱더 신중(믿을 수 있게)하고도 섬세하게 그리고 더 정확하고 체계적으로 요한에게 보여주셨다. 이는 주님을 사랑하는 성도들을 주님 곁으로 더 가까이 인도하시기 위한 하나님의 철저한 '구원 계획'이 로드맵(road map)으로 간결하고도 쉽게 정리된 것이다. 마치 내비게이션과 같이 다니엘과 예수님의 종말 예언은 대환란 후에 주님께서 오신다는 공통적인 부분들이 상당히 정확하게 명시되어 있다.

요한계시록의 개요에서 보면 요한계시록의 많은 말씀들이 흩어져 있다는 것을 알 수(볼 수) 있다. 이것은 마치 그림을 조각으로 만들어 조각 조각을 맞춘 후에 완성된 아름답고 멋있는 한 폭의 그림을 보는 것과 같다. 요한계시록도 이와 같다고 말하고 싶다. 예수님께서 사도 요한에게 직접 보여주실 때 한 장면은 교회시대요, 한 장면은 사도 요한이 자기의 몸은 밧모 섬에 있으면서 영으로 하늘 보좌에 갔다 온 장면, 인봉한 책을 뗄 자를 찾는 장면, 대환란의 인 재앙이 쏟아지는 장면, 십사만 사천에게 하나님께서 인치시는 장면, 다시 나팔 재앙이 쏟아지는 장면, 작은 책의 장면, 두 증인의 사역 장면, 두 증인의 순교 장면, 두 증인이 삼 일 반 후에 휴거되는 장면, 십사만 사천의 자격, 해 입은 여자, 짐승표, 유리 바다 같은 것, 대접 재앙, 큰 음녀, 배도한 교회, 하나님의 진노, 하늘의 찬양, 어린 양의 혼인잔치, 주님 재림, 짐승의 멸망, 천년왕국, 최후 심판, 새 하늘과 새 땅 등 이 모든 것이 요한계시록의 개요에 속한다. 이 얼마나 많은 말씀들이 흩어져서 기록되어 있는가? 이 여러 말씀들을 그림 퍼즐로 잘 짜맞추듯이 사도 요한이 본 요한계시록의 장면을 그 순서대로 맞추어 보고자 한다.

나는 1970년 초에 미국 테네코(Tenneco) 석유회사의 초청으로 16년간 원유를 시추하는(기름을 찾는) 탐사 업무에 종사하다가 어느 날 주님의 부르심으로 1996년 9월 1일부터 개척교회를 시작하게 되었다. 개척 초창기에는 열정적으로 목회를 했지만 시간이 갈수록 힘이 들었고, 특히 성경을 많이 읽으며 말씀 공부도 나름대로 열심히 하였지만 성경말씀은 읽을수록 더 어려워져 갔다. 설교 시간은 정말 많이 힘이 들었다.

나는 주님께 기도드리기 시작하였다. "주님! 저는 석유 탐사 회사를 다니며 잘 먹고 잘살았는데 왜 주의 종으로 불러 이렇게 힘들게 하십니까?" 그러던 어느 날, 주님의 세미한 음성이 들려왔다. "내가 너에게 20여 년간 기름을 찾는 일을 시키지 않았느냐? 이젠 그것을 가지고 천국 가는 지도를 그려라." 나는 처음 이 말씀을 듣고 내 주위를 보았으나 아무도 없었다. 또 기도를 하던 중에 주님께서 똑같은 말씀을 하셨다. '주님이 이미 훈련시키신 그 일을 토대로 천국 가는 지도를 그리라'는 것이었다. 그 후 나는 주님의 말씀대로 다니엘과 예수님의 종말론과 요한계시록을 연결하여 새로 볼 수 있는 요한계시록을 쓰게 되었다(도표 Ⅱ-2).

Ⅲ. 요한계시록을 쉽게 읽는 법

1. 요한계시록 1장
2. 아시아의 일곱 교회(계 2-3장)
3. 마지막의 교회시대
4. 하늘 보좌의 광경(계 4:1-6)
5. 네 생물(계 4:7-11)
6. 하나님의 인치기(계 7장)
7. 인봉된 인을 뗄 자(계 5장)
8. 대환란 시작(계 6장)
9. 대환란 중간(계 9장)

10. 대환란 후 삼 년 반의 끝지점(계 16장) 11. 하늘의 찬양(계 19장)
12. 주님의 재림(계 19장) 13. 어린 양의 혼인잔치(계 19장)
14. 천년왕국(계 20장) 15. 곡과 마곡의 전쟁 - 싸움(계 20장)
16. 최후 심판(계 20장) 17. 새 하늘과 새 땅(계 21장)
18. 거룩한 성 새 예루살렘(계 21장) 19. 영생복락(계 22장) 20. 마지막 경고

먼저 다니엘과 예수님의 종말 예언대로 대환란과 예수님의 재림 부분을 잠깐 살펴보았다. 대환란 전에 일어날 일들을 보면 인 뗄 자가 먼저 나오고, 그전은 하나님의 인을 칠 때요, 그전에는 네 생물이, 그전에는 사도 요한의 하늘 보좌요, 그다음은 작은 책, 두 증인, 거짓 선지자, 종교다원주의자들이 마지막 교회시대에 나옴을 알 수가 있다. 또 예수님의 재림 직전 대환란 후에는 하나님의 진노, 음녀의 심판, 하늘의 전쟁, 바벨론의 최후 멸망, 짐승의 멸망, 사탄을 결박하시고 하늘에서는 찬양으로 화답하신다. 주님의 재림과 동시에 성도와 교회의 휴거가 일어난다. 그다음으로는 어린 양의 혼인잔치, 천년왕국, 최후 심판, 새 하늘과 새 땅, 영생복락이 앞으로 읽어야 할 말씀 요한계시록이다(도표 Ⅱ-1).

도표 Ⅱ-2를 근거로 요한계시록의 개요를 새롭게 읽는 방법이 있다. 요한계시록을 개요대로 읽는다면 도저히 그 실체가 보이지 않고 알기가 힘이 들기 때문에 요한계시록을 읽는 자마다 두렵고 또 요한계시록을 인봉(닫아 버림)하는 경우가 현재까지 계속해서 이어지고 있다. 그러나 요한계시록은 예수님께서 세 번이나 말씀하셨다. 첫째로 다니엘 선지자를 통해서, 둘째로 예수님 자신이 직접 임마누엘로 오셔서 마태복음 24장으로 말씀하셨으며, 셋째로 예수님께서 부활 승천하신 후 70년이 좀 안 되어 그의 제자 사도 요한을 통하여 밧모 섬에서 ① 앞으로 될 일 ② 앞으로 다가올 일 ③ 마지막 축복의 길이 회복되는 길, 영생복락으로 영원히 하나님 나라에 가서(그곳에 가서) 영원무궁토록 사는 길을 우리의 신앙 내비게이션으로 주님께서 주신 말씀이 곧 요한계시록이다.

요한계시록의 말씀을 올바로 읽는다면 그 실체가 완전히 드러나 보인다(창 3:24). 바로 회복되는 길이 보인다. 영원히 축복된 생활이 보인다. 우리의 고향이(나의 영원한 고향 집) 보인다. 요한계시록을 쉽게 읽을 수 있는 길이 지금 곧 시작된다. 반드시 부담 없이 읽을 수 있다.

1. 요한계시록 1장

"예수 그리스도의 계시라 이는 하나님이 그에게 주사 반드시 속히 될 일을 그 종들에게 보이시려고 그 천사를 그 종 요한에게 보내어 지시하신 것이라 요한은 하나님의 말씀과 예수 그리스도의 증거 곧 자기의 본 것을 다 증거하였느니라 이 예언의 말씀을 읽는 자와 듣는 자들과 그 가운데 기록한 것을 지키는 자들이 복이 있나니 때가 가까움이라 요한은 아시아에 있는 일곱 교회에 편지하노니 이제도 계시고 전에도 계시고 장차 오실 이와 그 보좌 앞에 일곱 영과 또 충성된 증인으로 죽은 자들 가운데서 먼저 나시고 땅의 임금들의 머리가 되신 예수 그리스도로 말미암아 은혜와 평강이 너희에게 있기를 원하노라 우리를 사랑하사 그의 피로 우리 죄에서 우리를 해방하시고 그 아버지 하나님을 위하여 우리를 나라와 제사장으로 삼으신 그에게 영광과 능력이 세세토록 있기를 원하노라 아멘 볼지어다 구름을 타고 오시리라 각인의 눈이 그를 보겠고 그를 찌른 자들도 볼 터이요 땅에 있는 모든 족속이 그를 인하여 애곡하리니 그러하리라 아멘 주 하나님이 가라사대 나는 알파와 오메가라 이제도 있고 전에도 있었고 장차 올 자요 전능한 자라 하시더라 나 요한은 너희 형제요 예수의 환난과 나라와 참음에 동참하는 자라 하나님의 말씀과 예수의 증거를 인하여 밧모라 하는 섬에 있었더니 주의 날에 내가 성령에 감동하여 내 뒤에서 나는 나팔 소리 같은 큰 음성을 들으니 가로되 너 보는 것을 책에 써서 에베소, 서머나, 버가모, 두아디라, 사데, 빌라델비아, 라오디게아 일곱 교회에 보내라 하시기로 몸을 돌이켜 나더러 말한 음성을 알아보려고 하여 돌이킬 때에 일곱 금촛대를 보았는데 촛대 사이에 인자 같은 이가 발에 끌리는 옷을 입고 가슴에 금띠를 띠고 그 머리와 털의 희기가 흰 양털 같고 눈 같으며 그의 눈은 불꽃 같고 그의 발은 풀무에 단련한 빛난 주석 같고 그의 음성은 많은 물 소리와 같으며 그 오른손에 일곱 별이 있고 그 입에서 좌우에 날선 검이 나오고 그 얼굴은 해가 힘있게 비취는 것 같더라 내가 볼 때에 그 발 앞에 엎드러져 죽은 자같이 되매 그가 오른손을 내게 얹고 가라사대 두려워 말라 나는 처음이요 나중이니 곧 산 자라 내가 전에 죽었었노라 볼지어다 이제 세세토록 살아 있어 사망과 음부의 열쇠를 가졌노니 그러므로 네 본 것과 이제 있는 일과 장차 될 일을 기록하라 네 본 것은 내 오른손에 일곱 별의 비밀과 일곱 금촛대라 일곱 별은 일곱 교회의 사자요 일곱 촛대는 일곱 교회니라"(계 1:1-20).

요한계시록의 주인은 그리스도이시다. 요한계시록은 예수 그리스도의 계시이면서 모든 성도들에게 감추어진 보화를 열어 주시는 것이다. 그 보화는 예수 그리스도의 재림(단 9:24; 계 19:11-16)에 대한 말씀이다. 이 보화의 말씀을 하나님께서 아들에게, 아들은 천사들에게, 천사들은 요한에게, 요한은 우리 모든 성도들에게 주고 있다. 이 보화의 말씀을 읽고, 듣고, 가르쳐 지키게 하는 자(계 1:3)가 복이 있는 것이다.

> "이 예언의 말씀을 읽는 자와 듣는 자들과 그 가운데 기록한 것을 지키는 자들이 복이 있나니 때가 가까움이라"(계 1:3).

지금은 종말의 때요, 주님께서 오심이 매우 가까운 때임을 알고 마치 슬기로운 다섯 처녀와 같이 예수님 맞을 준비를 해야 될 것이다. 사도 요한은 아시아의 일곱 교회에 서신을 보냈고, 전에도 계셨고 이제도 계시는 성부 하나님과 성자 하나님을, 앞으로 다시 오실 예수님과 그 보좌 앞에 있는 일곱 영인(계 1:4) 성령님을 보았다. 일곱 영은 그 보좌 앞에 있는 일곱 영이요 곧 하나님의 수요 완전한 숫자를 표시했다.

예수님은 하나님으로부터 보내심을 받은 충성된 종이시다(요 12:49). 그분은 부활의 첫 열매로 다시 살아나셨다(골 1:18). 그리고 예수님은 땅의 모든 임금의 머리가 되시는 만왕의 왕이시며, 인류를 위해 쏟으신 예수님의 십자가의 피로 우리는 영원히 죄 사함을 받았고(히 9:12), 죄에서 해방되었다(히 9:24; 단 9:24). 또 그분은 우리를 그 나라의 제사장으로 만드셨다. 특별히 사도 요한은 삼위일체 하나님을 증거하였다. 우리는 죄의 노예, 사탄의 노예가 되었으나 그분은 십자가의 피로 우리를 해방시키시고 우리의 신분을 바꾸어 주셨다(엡 2:16; 빌 3:18; 고전 1:17). 또 "곧 산 자라 내가 전에 죽었었노라…"(계 1:18) 하시면서 주님의 부활의 모습도 요한계시록에서 정확하게 나타내셨다. 또 여호와 하나님 그분은 영원부터 영원까지 계시는 분이시며 전능하신 하나님이시라고 우리에게 보여주셨다(계 1:8; 요 1:1; 시 90:2). 하나님은 창조주시요, 지금 우리와 함께 계시는 임마누엘의 하나님이시다.

2. 아시아의 일곱 교회(계 2-3장)

예수님은 골고다에서 십자가에 못 박혀 돌아가셨다가 사흘 만에 부활하신 후(고전 15:4), 갈릴리에서 제자들에게 많은 말씀을 하시고 40일 후 그들이 보는 데서 올라가시니 구름이 가리워 보이지 아니하였다고 하였다(행 1:8-11).

예수님이 승천하실 때 그들에게 "…예루살렘을 떠나지 말고 내게 들은 바 아버지의 약속하신 것을 기다리라"(행 1:4)고 분부하신 대로 제자들과 무리들 120여 명이 모여서 기도에 전혀 힘쓰고 있었다(행 1:12-15). 예수님께서 승천하신 후 10일 만에 홀연히 하늘로부터 급하고 강한 바람 같은 소리가 있어 집안에 가득하매 불의 혀같이 갈라지는 역사가 일어나면서 성령이 강하게 임하셨다(행 2:1-3).

이러한 오순절 성령 강림 후 제자들과 성도들이 성령의 충만함을 받고 나가서 유대인들에게 복음을 전하니 무리들이 회개하고 세례를 받았다. 또한 베드로와 요한이 성전에 올라갈 때 나면서부터 앉은뱅이 된 자가 구걸하는 것을 보고 "…나사렛 예수 그리스도의 이름으로 걸으라 하고"(행 3:6), 하자 그가 일어나 걷고 뛰며 하나님을 찬양하였다. 베드로를 중심으로 성령을 받은 무리들과 함께 교회가 든든히 세워지기 시작했을 때 사도들은 예루살렘에서 예수가 죽은 자 가운데서 부활하셨다는 사실을 전파하기 시작했다.

이 무렵 제사장들과 사두개인들과 바리새인들의 시기가 가득하여 복음을 전하는 사도들을 옥에 가두며(행 5:17-18) 믿는 성도들을 핍박하기 시작했다.

특히 초대교회 일곱 집사 중 스데반 집사의 설교가 그들의 마음에 찔려 저희가 큰소리를 지르며 일심으로 그에게 달려들어 성 밖에 내치고 돌로 쳐 죽였다(행 7:57-58). 이렇게 핍박이 심해지자 예루살렘에서 사마리아와 유대 온 땅으로 흩어져서 복음을 전하기 시작하였다(행 8:4-5).

이 무렵 사울은 예수 믿는 자들을 위협하고 살기가 등등하여 제사장들의 권세를 받아 가지고 그리스도인들을 잡아 가두는 임무를 수행했다. 그러나 사울은 메소보다미아와 팔레스타인의 중간에 위치한 다메섹이란 곳에서 예수님을 만난 후 회심하여 그리스도인이 된다(행 9:3-5). 사울은 세례를 받고, 사도 바울이 되어 이방인을 위한 복음 전파를 하기 시작했다. 사도 바울은 아시아에 있는 여러 곳에 다니면서 많은 교회를 세우고, 많은 핍박에도 불구하고 이방인을 위해서 전도에 힘썼다. 이로 인해 소아시아에는 많은 교회가 세워졌다.

이때 로마 제11대 도미티아누스 황제는 자기의 지배권을 강화하기 위해 자신을 신격화하려고 로마 지배하에 있는 모든 사람들로 하여금 자신을 숭배하게 하는 정책을 폈다. 그렇지만 소아시아 지역의 교회들은 단호히 황제 숭배를 거부하였다. 그러자 로마 황제는 숭배를 거역하는 자들을 대대적으로 박해하기 시작하였다. 그 와중에 사도 요한도 체포되어 밧모 섬에서 유배 생활을 하게 되었다. 밧모 섬에서 지내던 어느 날 사도 요한이 환상을 통해 예수님의 지시대로 예수님의 계시를 기록한 것이 요한계시록이다. 즉 앞으로 이루어질 일로부터 앞으로 다가올 대환란을 기록한 것이다.

요한계시록은 예수님이 우리를 무척 사랑하시기에 우리와 함께 하기를 원하시며, 우리를 영원한 천국에 데리고 가시기 위해 주님의 계시의 말씀을 요한을 통해 보여주신 축복의 말씀, 예언의 말씀이다. 이 계시의 말씀을 읽는 자와 듣는 자와 지키는 자는 복이 있다고 하셨다(계 1:3). 이는 여러 나라와 족속과 백성에게 영원한 복음을 전하라는 것이다(계 14:6). 2천 년 전에 예수님이 오심으로 활짝 열려진 계시의 말씀을 인봉하지 말고(계 22:10) 이제는 모든 종족에게 전하라고 하신다(행 1:8). 이 계시의 말씀을 더하지도 말고 빼지도 말라고 하시면서(계 22:18-19), 이 일은 종말에 이루어질 일이기 때문에(계 1:19) 슬기로운 다섯 처녀같이 항상 깨어 있는 신앙을 가져야 함을 강조하신다(마 24:42, 25:1-13). 이 계시의 말씀이 얼마나 귀

중한지를 잘 아는 자만이 대환란을 통과할 수 있다고 하셨다.

요한에게 주신 아시아의 일곱 교회는 칭찬과 권면과 책망의 말씀으로 시작한다. 아시아의 일곱 교회는 에베소 교회, 서머나 교회, 버가모 교회, 두아디라 교회, 사데 교회, 빌라델비아 교회, 그리고 라오디게아 교회이다. 이들에게 언급하신 말씀은 전 세계 어느 시대에나 영적으로 각 교회에 주시는 말씀이었다.

에베소 교회는 초대교회를 상징하는 사도시대로, 복음의 열매를 맺기 위해서 참고 인내하나 첫사랑을 버렸다고 책망받았다(계 2:1-7). 서머나 교회는 순교시대로, 극심한 박해 속에 믿음을 지킨 사도시대를 대표한다(계 2:8-11). 버가모 교회는 기독교가 로마 국교로 인정된 후 정교가 합한 혼합시대를 보여준다(계 2:12-17). 두아디라 교회는 암흑시대로, 교훈을 받지 아니하고 이방 풍습을 답습하는 시대를 말한다(계 2:18-29). 사데 교회는 개혁과 진리로 암흑기를 밝히는 종교개혁시대를 예표한다(계 3:1-6). 빌라델비아 교회는 열린 문 선교시대로, 미국의 주도 아래 전 세계로 선교의 문이 열렸던 시대를 보여준다(계 3:7-13). 라오디게아 교회는 선교와 복음이 닫혀지는 종말시대로, 미지근한 신앙으로 전도의 문이 닫힌 현 시대를 말한다(계 3:14-22).

요한에게 보여주신 이 예표가 얼마나 확실한지 완성의 길로 가고 있는 아시아의 일곱 교회 시대가 이제는 거의 성취되어 가고 있다. 지금은 배교, 즉 음녀의 정체가 배교한 교회를 상징하면서 음녀가 타고 있는 일곱 머리 열 뿔의 짐승시대로 접어들고 있다. 아직도 이루어져 가고 있는 라오디게아 교회 시대에 대해 주님은 크게 책망하신다.

> "내가 네 행위를 아노니 네가 차지도 아니하고 더웁지도 아니하도다 네가 차든지 더웁든지 하기를 원하노라 네가 이같이 미지근하여 더웁지도 아니하고 차지도 아니하니 내 입에서 너를 토하여 내치리라"(계 3:15-16).

이 말씀은 혼합 신앙, 세속 신앙을 회개하라는 것이다. "네가 말하기를 나는 부자라 부요하여 부족한 것이 없다 하나 네 곤고한 것과 가련한 것과 가난한 것과 눈먼 것과 벌거벗은 것을 알지 못하도다"(계 3:17)라고 주님께서는 라오디게아 교회를 책망하신다. 미지근한 신앙 속에서 스스로 판단하고 있다는 것이다. 구약의 사사시대에도 이스라엘 사람들이 자기 생각이 다 옳다고 생각하고 그대로 행했을 때 그들의 신앙 상태는 암흑시대와 같았다.

> "라오디게아 교회의 사자에게 편지하기를 아멘이시요 충성되고 참

된 증인이시요 하나님의 창조의 근본이신 이가 가라사대 내가 네 행위를 아노니 네가 차지도 아니하고 더웁지도 아니하도다 네가 차든지 더웁든지 하기를 원하노라 네가 이같이 미지근하여 더웁지도 아니하고 차지도 아니하니 내 입에서 너를 토하여 내치리라 네가 말하기를 나는 부자라 부요하여 부족한 것이 없다 하나 네 곤고한 것과 가련한 것과 가난한 것과 눈먼 것과 벌거벗은 것을 알지 못하도다 내가 너를 권하노니 내게서 불로 연단한 금을 사서 부요하게 하고 흰옷을 사서 입어 벌거벗은 수치를 보이지 않게 하고 안약을 사서 눈에 발라 보게 하라 무릇 내가 사랑하는 자를 책망하여 징계하노니 그러므로 네가 열심을 내라 회개하라 볼지어다 내가 문 밖에 서서 두드리노니 누구든지 내 음성을 듣고 문을 열면 내가 그에게로 들어가 그로 더불어 먹고 그는 나로 더불어 먹으리라 이기는 그에게는 내가 내 보좌에 함께 앉게 하여 주기를 내가 이기고 아버지 보좌에 함께 앉은 것과 같이 하리라 귀 있는 자는 성령이 교회들에게 하시는 말씀을 들을지어다"(계 3:14-22) .

2천 년 전 라오디게아 교회 시대에도 그들은 부유했고, 자긍심이 대단하였다. 그들은 육적으로 볼 때 경제적 요충지 역할을 했을지 모르나 영적으로는 기아 상태임을 깨닫지 못하였다. 그들의 영적 상태는 곤고하고 가난하며, 영적으로 눈이 멀었다. 이런 수치스런 신앙의 모습을 주님께서는 책망하고 계신다. 에베소 교회는 첫사랑이 없었고, 버가모 교회는 법이 없었고, 두아디라 교회는 신앙이 없었고, 사데 교회는 생명이 없었고, 라오디게아 교회는 아무것도 없었다. 더 큰 문제는 영의 세계를 보지 못하는 믿음의 수치를 깨닫지 못한 것이다.

일곱 교회와 밧모 섬

〈도표 Ⅲ-1〉

그들은 세상 물질 때문에 영원한 것을 잃어버리는 어리석은 자들이었다. 라오디게아 교회 시대가 끝이 나면 대환란(단 9:27)이 도래할 것이다. 이러한 어리석은 신앙을 가지고 대환란을 통과할 수 있을까 하는 것이 문제이다. 지금 이 시대가 바로 2천 년 전 라오디게아 교회 시대와 매우 유사함(계 3:14-22)을 성경 본문을 통해 잘 알 수 있다. 이 세상은 고도로 발달된 과학문명에, 풍부한 물건에, 또 모든 종교에 다 구원이 있다고 하는 더웁지도 차지도 않은 신앙을 가지고 있다.

세상에 한 발을 딛고, 교회에 다른 한 발을 딛고 사는 때가 지금 이 시대라는 것이다. 지금 예수님은 이 시대 교회의 귀한 종들에게 권면의 말씀을 하고 계신다. 불로 연단한 금 같은 믿음을 가지고(벧전 1:7; 계 3:18) 흰옷을 사서 입고, 성결의 옷으로 수치를 가리고, 거룩한 생활로 믿음의 벌거숭이를 청산하라고 하신다(계 3:18). 안약을 사서 바르라(계 3:18)는 것은 보이는 것으로만 추정하지 말고 보이지 않는 영적 세계를 볼 수 있는 영적 눈을 뜨라는 것이다. 그러므로 열심을 내고 회개하라고 하신다(계 3:19).

예수님께서는 우리 문 밖에서 마음의 문을 두드리고 계신다. 누구든지 주님의 음성을 듣고 그 문을 열면 주님이 내 마음에 들어오셔서 나와 더불어 먹고 나는 주님과 더불어 먹으며 주님이 나의 모든 일을 인도하시고 축복하시고 책임져 주시고 항상 같이하신다(계 3:20). 이렇게 주님과 같이 동행하면 7년 대환란을 무난히 지나고 주님과 천년왕국에서 왕 노릇 하는 엄청난 축복을 받을 수 있다.

요한계시록 1장 20절에서는 요한계시록에 두 가지 비밀이 있다고 했다. 이 비밀은 과거 현재 미래에 될 일에 대한 일곱 금촛대의 비밀과 일곱 별의 비밀에 대한 것이다. 일곱 교회는 소아시아에 있는 에베소 교회, 서머나 교회, 버가모 교회, 두아디라 교회, 사데 교회, 빌라델비아 교회, 라오디게아 교회인데(도표 Ⅱ-1), 그리스도 교회의 전 역사를 주관하시는 예수 그리스도께서는 이 일곱 교회를 시대별로 과거, 현재, 미래로 보여주신다.

아시아의 일곱 교회

에베소 교회 (계 2:1-7) 사도시대

서머나 교회 (계 2:8-11) 순교시대

버가모 교회 (계 2:12-17) 국교시대

두아디라 교회 (계 2:18-29) 암흑시대

사데 교회 (계 3:1-6) 종교개혁시대

빌라델비아 교회 (계 3:7-13) 선교시대

라오디게아 교회 (계 3:14-22) 종말시대

* 미지근한 신앙(계 3:15), 눈멀고 벌거벗음(계 3:17)
* 연단한 금을 사라, 안약을 사라(계 3:18)

〈도표 Ⅲ-2〉

일곱 교회 중에서 칭찬만 들은 교회는 서머나 교회와 빌라델비아 교회였고, 책망만 들은 교회는 사데 교회와 라오디게아 교회였으며, 칭찬도 듣고 책망도 들은 교회는 에베소 교회, 버가모 교회, 두아디라 교회였다. 오늘 나와 우리 교회는 주님께 칭찬 듣는 신앙인가, 아니면 책망 들을 신앙인가, 아니면 칭찬과 책망을 함께 듣는 신앙인가? 이 일곱 교회를 향한 칭찬과 권면과 책망을 오늘 우리 모든 성도들에게 하시는 말씀으로 받아들여야 할 것이다.

더욱이 아시아의 일곱 교회 시대는 이방인의 구원 시대요, 이방인의 은혜 시대임을 알아야 할 것이다(도표 Ⅲ-1, Ⅲ-2). 그뿐만 아니라 지금은 극심한 영적 혼란기요 최고의 영적 발악으로 이단들이 들끓고 있다. 그러므로 들판에 '허수아비'를 세워두지 아니하면 새들이 날아와서 다 익은 벼 이삭을 훑어 까먹어 버리는 것이다(구원 성도가 없어짐, 도표 Ⅲ-1, Ⅲ-2).

1) 에베소 교회

(1) 에베소 교회에 보낸 편지

"에베소 교회의 사자에게 편지하기를 오른손에 일곱 별을 붙잡고 일곱 금촛대 사이에 다니시는 이가 가라사대 내가 네 행위와 수고와 네 인내를 알고 또 악한 자들을 용납지 아니한 것과 자칭 사도라 하되 아닌 자들을 시험하여 그 거짓된 것을 네가 드러낸 것과 또 네가 참고 내 이름을 위하여 견디고 게으르지 아니한 것을 아노라 그러나 너를 책망할 것이 있나니 너의 처음 사랑을 버렸느니라 그러므로 어디서 떨어진 것을 생각하고 회개하여 처음 행위를 가지라 만일 그리하지 아니하고 회개치 아니하면 내가 네게 임하여 네 촛대를 그 자리에서 옮기리라 오직 네게 이것이 있으니 네가 니골라당의 행위를 미워하는도다 나도 이것을 미워하노라 귀 있는 자는 성령이 교회들에게 하시는 말씀을 들을지어다 이기는 그에게는 내가 하나님의 낙원에 있는 생명나무의 과실을 주어 먹게 하리라" (계 2:1-7).

일곱 교회에서 가장 먼저 나오는 에베소 교회는 예수님이 부활 승천하시고 50일째 되는 날 성령이 강림하신 때부터 사도시대까지 주후 100년의 기간인 초대교회 시대를 의미한다. 또 에베소 시대의 상황은 실제로 존재하였으며, 실제로 예수님의 제자들이 활동한 시대를 보여주고 있다. 예수님은 각 교회의 신앙 상태에 따라 다르게 나타나신다.

(2) 에베소 교회에 나타난 예수님의 모습

에베소 교회에 나타나신 예수님은 오른손에 일곱 별(목사)을 붙잡고 계시면서(계 2:1) 일곱 금촛대(교회) 사이에서 거닐고 계신다. 요한계시록 1장 20절의 금촛대와 별의 비밀은 그 무엇보다도 주의 종을 강력하게 붙들고 참 교회를 지키시는 예수님의 모습을 보여준다. 그의 오른손은 승리의 의미이며, 예수님이 승리하신 능력의 손으로 주의 종들을 꼭 붙들고 계심을 의미한다. 예수님은 강권적으로 교회의 사자들을 붙드신다. 그리고 일곱 금촛대 사이를 다니신다는 것은 예수님이 머리가 되신 교회의 보배성(금촛대)을 보여주시고, 그 교회를 주께서 친히 철저히 보호하신다는 말씀이다. 또한 아시아의 일곱 교회는 상징적으로 전 세계 교회를 의미한다. 왜냐하면 교회는 그의 몸이기 때문이다(엡 1:22-23).

> "또 만물을 그 발 아래 복종하게 하시고 그를 만물 위에 교회의 머리로 주셨느니라"(엡 1:22).

(3) 에베소 교회에 대한 칭찬

• 초대교회 사역자들은 믿음으로 부끄럽지 않은 삶과 수고의 행위와 인내의 신앙을 가졌다. 이 모습은 데살로니가 교회의 모습과 같았다(살전 1:3). 그들은 외부의 핍박에도 결코 무너지지 않고 신앙을 지켰다.

• 그들은 악한 자를 용납하지 않았다. 그들은 세속주의의 비 진리 이단들과 맞섰다.

• 스스로 사도라 하는 거짓말쟁이에게 넘어가지 않고 분별하는

신앙을 가졌다.

• 인내로 칭찬을 받았다.

• 박해 속에서도 예수 이름을 지켰다(마 24:13).

• 인내로 참고 견디며 열심을 품고 주를 섬기며 날마다 마음을 같이했고, 날마다 성전에 모이는 일에 열심을 냈다(롬 12:11).

(4) 에베소 교회에 대한 책망(계 2:4)

에베소 교회는 주를 섬기는 열정은 있었으나 그 열정이 갈수록 식어지는 것을 책망받았다. 다시 말해서, 주를 섬김이 처음 사랑과 같지 않음을 말하는 것이다. 그들은 처음 사랑을 버렸기 때문에 점점 약해지고, 초점이 흐려지고 혼란에 빠지게 된다.

(5) 에베소 교회에 대한 권면(계 2:5-6)

왜 처음 사랑이 식어졌는지, 그 문제가 어디에서 생겼는지 생각하여 회개하라는 것이다. 문제의 원인을 생각하지 않고 회개하면 죄를 되풀이하게 된다. 그러므로 문제의 원인을 생각한 후에 그것을 가지고 회개하라고 권면하신다. 회개는 성도가 누리는 큰 복이다(계 22:14). 회개는 죄를 기억하지 않는다. 회개한 죄는 하나님도 기억하지 않으신다.

(6) 성령으로 이기는 자에게 주시는 축복(계 2:7)

에베소 교회에게는 칭찬으로 시작하여 복으로 말씀을 마치신다. 그 복은 성령의 음성 곧 하나님의 뜻을 들을 만한 믿음을 가진 자들이 복이 있다는 말씀이다. 교회는 사탄의 권세를 대항하는 영적 전쟁을 치르고 있기 때문에 진리의 말씀의 무기를(엡 6:11) 가지고 승리하는 자에게는 하나님이 천국에 있는 생명나무의 과실을 주어 먹게 하실 것이다(계 22:2).

하나님의 구원 계획

칠십 이레 시작 ▼ 예수님 세례 ▼ 초대교회 ▼ 성전 훼파 ▼ 하나님의 인침 ▼ 주님 재림 ▼

<table>
<tr><td>7이레</td><td>62이레</td><td colspan="7">70이레에 속하지 않는 공백기</td><td rowspan="3">대환란</td><td rowspan="3">주님 재림</td></tr>
<tr><td rowspan="2" colspan="2"></td><td colspan="7">눅 19:43-44
눅 21:21-24 유대인의 형벌 시기</td></tr>
<tr><td colspan="7">행 13:46 눅 21:29
롬 8:15 롬 11:25 이방인의 은혜(구원)시대</td></tr>
<tr><td rowspan="2">BC 457
성 중건
단 9:25</td><td rowspan="2">눅 3:23
단 9:26</td><td rowspan="2">에베소 교회 사도시대</td><td rowspan="2">서머나 교회 순교시대</td><td rowspan="2">버가모 교회 국교시대</td><td rowspan="2">두아디라 교회 암흑시대</td><td rowspan="2">사데 교회 개혁시대</td><td rowspan="2">빌라델비아 교회 선교시대</td><td rowspan="2">라오디게아 교회 종말시대</td><td>참 교회</td><td>천국</td></tr>
<tr><td>음녀 교회</td><td>지옥</td></tr>
</table>

〈도표 Ⅲ-3〉

"귀 있는 자는 성령이 교회들에게 하시는 말씀을 들을지어다 이기는 그에게는 내가 하나님의 낙원에 있는 생명나무의 과실을 주어 먹게 하리라"(계 2:7).

2) 서머나 교회

(1) 서머나 교회에 보낸 편지

"서머나 교회의 사자에게 편지하기를 처음이요 나중이요 죽었다가 살아나신 이가 가라사대 내가 네 환난과 궁핍을 아노니 실상은 네가 부요한 자니라 자칭 유대인이라 하는 자들의 훼방도 아노니 실상은 유대인이 아니요 사단의 회라 네가 장차 받을 고난을 두려워 말라 볼지어다 마귀가 장차 너희 가운데서 몇 사람을 옥에 던져 시험을 받게 하리니 너희가 십 일 동안 환난을 받으리라 네가 죽도록 충성하라 그리하면 내가 생명의 면류관을 네게 주리라 귀 있는 자는 성령이 교회들에게 하시는 말씀을 들을지어다 이기는 자는 둘째 사망의 해를 받지 아니하리라"(계 2:8-11).

두 번째 교회는 서머나 교회이다(끝까지 충성하라고 하심). 서머나 교회는 소아시아에 있으며(도표 Ⅱ-1), 주후 100년 사사시대 이후부터 콘스탄틴 대제까지의 주후 312년까지의 상징적인 시대를 나타낸다.

서머나 교회에 오신 예수님은 처음이요 나중이시며(요 1:1; 시 90:2), 세상과 역사를 주관하시는 분이심을 의미한다.

(2) 서머나 교회에 대한 칭찬(계 2:9)

서머나 교회는 책망 없이 칭찬받는 교회였다. 서머나 교회는 환난과 궁핍 가운데서 승리했다. 그 당시 성도들은 로마 황제를 신으로 섬기는 것을 단호히 거부하였다. 이 성도들은 로마 황제를 섬기지 않는 무식한 자들이며, 예수의 피와 살을 먹고 사는 흡혈귀이며, 예수 안에 형제라 하는 것은 가정을 파괴하는 것이라는 이유로 핍박을 받아야 했다. 이 일은 우리를 향해 다가오는 환난날에 우리가 겪어야 할 일이다(행 14:22).

그리고 서머나 교인들은 복음을 위해 스스로 가난하게 되었음을 보여준다. 당시의 기독교인들은 믿음을 지키기 위해 가난을 각오해야 했기 때문이다. 세상 사람은 물질이 많으면 부유하다고 한다. 그러나 예수님은 심령이 가난한 자가 복이 있다고 하셨다(마 5:3). 거지 나사로와 부자의 관계에서 거지 나사로는 천국을 누리는 삶이요, 부자는 세상에서 부유한 자였으나 영원히 불못에서 고통을 받게 된다(눅 16:19-31).

또 서머나 교회는 로마 정부의 핍박뿐 아니라 자칭 유대인들이 예수를 십자가에서 죽였듯이 예수 믿는 성도들을 핍박하는 것도 감당해야 했는데 서머나 교회가 이것을 이겨 냈음을 주님은 칭찬하셨다.

(3) 서머나 교회에 대한 권면(계 2:10)

예수님께서는 환난과 궁핍과 또 유대인들의 핍박과 박해에 직면하고 있는 서머나 교인들에게 위로의 말씀을 하신다. 또 그들에게 믿음의 담대함을 가지라고 권면하신다. 죽음은 누구나 두려운 일이다. 그러나 그 두려움을 멈추게 하는 것은 영원한 천국을 바라보는 신앙을 가지는 것이다. 이는 순교적인 신앙으로 살아가라는 말씀이다. 또 장차 받을 고난을 두려워하지 말고 변함없는 충성스러운 신앙이 필요함을 말씀하신다. 끝까지 충성하라. 그리하면 주님께서 끝까지 충성할 수 있도록 만들어 주실 것이다. 주님은 그들이 실제로는 부요한 사람들이라고 말씀하셨다.

(4) 이기는 자에게 주시는 큰 축복(계 12:11, 2:11)

서머나 교회에 주신 말씀은 세계 모든 교회가 귀를 기울여 들어야 할 말씀이다. 이 말씀은 지금 성령님이 세계 모든 교인들에게 하시는 말씀이다. 이 말씀은 옛날이야기가 아니라 모든 시대에 주시는 말씀이다. 이기는 자들은 둘째 사망에서 해를 받지 않는다. 그러나 둘째 사망의 부활로 나오게 되는 자들은 영원한 불못에 던지움을 받는다. 끝까지 이기는 자는 영원한 새 하늘과 새 땅에 들어가 주님과 같이 살 수 있게 된다(도표 Ⅲ-3) 서머나 교회에는 자칭 유대인이라 하나 실상은 유대인이 아닌 '사탄의 회' 가 있었다. 그러나 그들은 오히려 역경을 딛고 하나님을 향하여 신실하게 서 있는 교회였다.

3) 버가모 교회

(1) 버가모 교회에 보낸 편지

"버가모 교회의 사자에게 편지하기를 좌우에 날 선 검을 가진 이가 가라사대 네가 어디 사는 것을 내가 아노니 거기는 사단의 위가 있는 데라 네가 내 이름을 굳게 잡아서 내 충성된 증인 안디바가 너희 가운데 곧 사단의 거하는 곳에서 죽임을 당할 때에도 나를 믿는 믿음을 저버리지 아니하였도다 그러나 네게 두어 가지 책망할 것이 있나니 거기 네게 발람의 교훈을 지키는 자들이 있도다 발람이 발락을 가르쳐 이스라엘 앞에 올무를 놓아 우상의 제물을 먹게 하였고 또 행음하게 하였느니라 이와 같이 네게도 니골라당의 교훈을 지키는 자들이 있도다 그러므로 회개하라 그리하지 아니하면 내가 네게 속히 임하여 내 입의 검으로 그들과 싸우리라 귀 있는 자는 성령이 교회들에게 하시는 말씀을 들을지어다 이기는 그에게는 내가 감추었던 만나를 주고 또 흰 돌을 줄 터인데 그 돌 위에 새 이름을 기록한 것이 있나니 받는 자밖에는 그 이름을 알 사람이 없느니라"(계 2:12-17).

버가모 교회에게는 진리를 타협하지 말라고 하신다. 버가모 교회(도표 Ⅱ-1)는 예언적으로 콘스탄틴 대제가 기독교를 로마 국교로 정한 주후 313년부터 주후 590년 그레고리 법왕까지의 기간으로 로마의 국교시대를 상징한다.

주님은 이런 버가모 교회에, 좌우에 날 선 검을 가지신 분으로 나타나셨다(계 2:12). 검은 하나님의 말씀인데, 좌우에 날 선 검도 말씀이다. 곧 하나님의 말씀은 살아 있고 운동력이 있어(예리하며) 심판성을 지니고 있으며, 혼과 영과 및 관절과 골수를 찔러 쪼갠다(히 4:12). 주님의 말씀이므로 우리의 마음의 생각과 뜻까지도 감찰하신다.

(2) 버가모 교회에 대한 칭찬(계 2:13)

버가모에는 여러 신들이 있었다. 뱀 모양의 신, 치료의 신, 제우스 신, 아테네 신, 이오니소스 신, 황제를 위한 신들이었다. 그런데 버가모 교회는 이런 사탄의 소굴에서도 예수님의 이름을 굳게 잡고, 흑암이 짙은 곳에서도 환경을 탓하지 않고 죄에 대항하여 피 흘리기까지 싸워 이겨 냈다. 그 영적 전쟁이 얼마나 치열했던지 충성스러운 안디바의 순교는 거룩한 곳에서의 죽음이었다. 안디바는 그런 죽음 직전에도 타협하지 않고 목숨을 포기하면서까지 믿음을 배반하지 않은 신앙인이었다. 주님은 이런 성도들을 칭찬하셨다.

지금 이 마지막 때에는 혼합주의자들이 넘쳐난다. 포스트모더니즘(Postmodernism)과 같은 이성적이고 지식적인 중간 시대에 우리가 살고 있다. 아니, 우리를 그곳으로 밀어 넣고 있다. 그러나 영적 세계에서는 이런 일들이 통하지 않는다. 흑과 백이지 중간 색이 없는 것이다. 회색지대는 없는 것이다.

(3) 버가모 교회에 대한 예수님의 책망(계 2:14)

주님은 버가모 교회에 대한 칭찬에 이어 책망을 하고 계신다. 그것은 안디바와 같은 신앙을 가지지 못한 버가모 교인들에 대한 것이었다. 버가모 교회 공동체 안에 발람의 교훈을 지키는 자들이 있었던 것이다. 이는 정치와 종교가 혼합된 미혹으로, 이스라엘을 유혹하여 모압 여인들과 음행하게 하였던 발람의 꾀와 같은 것이다. 오늘날에도 교회 안에서 여전히 세상의 교훈을 따르는 자가 있다. 생명 없는 우상을 종교생활로, 진리를 분별치 못하고 따르는 자가 많다. 또 다른 책망은 니골라당의 교훈을 지킨 것에 대한 것이다. 니골라당의 교훈은 사탄에 속한 것이어서 죄를 지을 수밖에 없다. 이것은 바로 죄를 옹호하는 이단들의 말이다. 이에 주님은 변질된 진리를 따라가는 자들을 책망하신다. 믿는 자들은 하나님의 말씀을 있는 그대로 선포하고, 있는 그대로 믿어야 한다.

(4) 버가모 교회에 대한 예수님의 권면(계 2:16)

주님께서는 버가모 교회에게 회개하라고 권면하신다. 이단 교리로 굳어져 버린 마음을 회복시키는 길은 오직 회개하는 것뿐이다. 회개는 우리가 누릴 수 있는 은혜 중에서도 가장 큰 축복이다.

(5) 이기는 자에게 주시는 축복(계 2:17)

주님께서는 다시 회개하라고 말씀하신다. 자비로우시며 은혜로우신 하나님의 축복의 말씀을 듣는 자에게 귀를 열라고 하신다. 영적 귀가 열려 교회를 통해 주시는 하나님의 말씀을 들어야 한다. 이 말씀을 듣고 감추어졌던 만나를 먹을 때 광야생활에서도 살아남을 수 있는 것이다. 이들에겐 새 이름을 기록한 흰 돌을 주신다고 하셨다. 바로 새로운 축복의 신분을 보장하신다는 것이다. 아브람을 아브라함으로, 사래를 사라로, 야곱을 이스라엘로. 시몬이 베드로로 바뀐 것은 이름만 바뀐 것이 아니다. 바로 새로운 사람이 되었음을 의미한다. 옛 사람이 새사람을 입는 것이다. 바로 버가모 교인들이 이기는 자들로 노력할 때 새사람이 되게 해주신다는 축복의 약속이다(도표 Ⅲ-3).

오히려 주님의 의도는 그들을 회개로 초대하기 위함이라고 할 수 있다. 주님은 버가모 교회에게 "회개하라 그리하지 아니하면 네게 이제 속히 임하여 내 입의 검으로 그들과 싸우리라"고 하셨다. 만일 그분(예수님)에게로 돌아오면 감추었던 만나와 새 이름이 새겨져 있는 흰 돌을 허락해 주실 것이다. 원래 버가모 교회는 사탄의 위가 있는 곳이었다. '사탄의 위'가 있다는 것은 사탄이 왕 노릇 하는 곳을 의미한다. 그 당시의 사탄은 황제 숭배를 통해서 버가모 교회를 매우 괴롭혔다. 주님께서는 이 버가모 교회가 이러한 박해 가운데서도 "나를 믿는 믿음을 저버리지 않았다"고 기뻐하셨다. 신실하고 충성된 안디바는 그의 믿음을 타협하지 않고 굳게 지키면서 순교하였다.

"귀 있는 자는 성령이 교회들에게 하시는 말씀을 들을지어다 이기는 그에게는 내가 감추었던 만나를 주고 또 흰 돌을 줄 터인데 그 돌 위에 새 이름을 기록한 것이 있나니 받는 자밖에는 그 이름을 알 사람이 없느니라"(계 2:17).

버가모 교회의 문제는 바른 진리를 상실한 교회로 변해 간 것이라고 할 수 있다. 사탄의 위가 있었고, 황제 숭배로 고역을 당하는 가운데 안디바란 순교자가 배출되었는데도 발람의 교훈과 니골라 당의 교훈을 좇고 용납할 수 있었다는 것은 이해하기 힘든 점이다. 이것은 버가모 교회의 뼈아픈 실패이면서 우리 주님께서 그들에게 갖고 계신 기대를 온전히 성취시키지 못한 이유이다. 그러므로 주님께서는 버가모 교회를 향해 좌우에 날 선 검으로 오셔야 했다.

4) 두아디라 교회

(1) 두아디라 교회에 보낸 편지

"두아디라 교회의 사자에게 편지하기를 그 눈이 불꽃 같고 그 발이 빛난 주석과 같은 하나님의 아들이 가라사대 내가 네 사업과 사랑과 믿음과 섬김과 인내를 아노니 네 나중 행위가 처음 것보다 많도다 그러나 네게 책망할 일이 있노라 자칭 선지자라 하는 여자 이세벨을 네가 용납함이니 그가 내 종들을 가르쳐 꾀어 행음하게 하고 우상의 제물을 먹게 하는도다 또 내가 그에게 회개할 기회를 주었으되 그 음행을 회개하고자 아니하는도다 볼지어다 내가 그를 침상에 던질 터이요 또 그로 더불어 간음하는 자들도 만일 그의 행위를 회개치 아니하면 큰 환난 가운데 던지고 또 내가 사망으로 그의 자녀를 죽이리니 모든 교회가 나는 사람의 뜻과 마음을 살피는 자인 줄 알지라 내가 너희 각 사람의 행위대로 갚아 주리라 두아디라에 남아 있어 이 교훈을 받지 아니하고 소위 사단의 깊은 것을 알지 못하는 너희에게 말하노니 다른 짐으로 너희에게 지울 것이 없노라 다만 너희에게 있는 것을 내가 올 때까지 굳게 잡으라 이기는 자와 끝까지 내 일을 지키는 그에게 만국을 다스리는 권세를 주리니 그가 철장을 가지고 저희를 다스려 질그릇 깨뜨리는 것과 같이 하리라 나도 내 아버지께 받은 것이 그러하니라 내가 또 그에게 새벽 별을 주리라 귀 있는 자는 성령이 교회들에게 하시는 말씀을 들을지어다" (계 2:18-29).

두아디라 교회에게는 거짓된 신비주의를 배격하라고 하신다. 두아디라 교회는 아시아 지역의 교회로(도표 Ⅱ-1), 그레고리 법왕 때부터 종교개혁까지의 시대로 주후 590년부터 1520년까지 종교 암흑시대를 상징한다. 두아디라는 '관을 쓴 여자'란 뜻인데 예언적으로는 암흑시대이다. 주목할 것은, 두아디라 교회는 사랑과 믿음과 섬김과 인내라는 아름다운 신앙적 덕목(천성으로 갖추어야 할 것)을 가진 신실한 믿음의 소유자들로 구성되어 있었고, 참으로 균형 잡힌 영성을 소유한 수준급의 신앙인들이 있었다는 점이다.

두아디라 교회에 소개된 그리스도는 눈이 불꽃 같고 그 발이 빛난 주석 같은 모습을 하고 계셨다. 이것은 주님이 신적인 안목과 전능하심으로 두아디라 교회가 행하는 모든 일들을 두루 살피시고 계신다는 사실을 보여준다. 암흑시대의 모든 죄악도, 숨겨져 있는 은밀한 죄악도 예수님의 눈에는 숨길 수 없다는 것이다. 또 하나님의 아들로서 예수 그리스도는 암흑시대도 강력하게 통찰하시는 분이셨다.

(2) 두아디라 교회에 대한 예수님의 칭찬(계 2:19)

암흑시대에도 양로원이나 고아원이 있었고 교회 사업들이 활발하게 움직였다. 이것은 하나님의 사랑을 실천하는 일들이었다. 암흑시대의 진흙탕 속에서도 하나님의 사랑을 실천하는 보배로운 믿음을 가진 자들이 있었기에 주님은 이들의 겸손한 신앙을 칭찬하셨다. 이들은 또 인내의 신앙도 있었다. 그뿐만이 아니었다. 교회의 사업이 날로 증가하는 것도 예수님께서 칭찬하시는 부분이었다.

(3) 두아디라 교회에 대한 예수님의 책망(계 2:20-24)

두아디라 교회의 가장 큰 특징은 자칭 선지자라고 하는 이세벨을 용납한 것이었다. 이세벨은 아합 왕의 부인으로 바알 신과 아세라를 섬김으로 책망을 받았다(왕상 16:31). 그런데 두아디라 교회가 그녀의 유혹적인 가르침을 인정한 것이다. 주님은 이러한 음행을 행하는 자들이 회개하지 않는 죄를 책망하셨다.

"그러나 네게 책망할 일이 있노라 자칭 선지자라 하는 여자 이세벨을 네가 용납함이니 그가 내 종들을 가르쳐 꾀어 행음하게 하고 우상의 제물을 먹게 하는도다"(계 2:20).

이것이 얼마나 교회 공동체를 죽이는 독소로 작용하였는지를 알게 한다. 죄는 하나님의 공의를 결코 지나칠 수 없다. 죄를 회개치 않은 그들의 죄악의 결과는 명백히 나타날 것이다. 그들은 주님으로부터 호되게 책망을 받아야 했다. 끝까지 회개를 거부하면 무서운 심판으로(요 16:9, 11) 들어가며, 더러운 행위를 회개치 아니하면 큰 환난에 들어가게 될 것이다. 먼저 주님은 이세벨에게 회개와 돌이킴의 기회를 주셨다. 인생들의 패역에 대하여 답답하리만큼 오래 참으시는 우리 주님도 정한 때까지만 기다리신다. 주님의 인내를 악용하는 자들에게 주는 벌은 그들을 '고난의 침상'에 던지시는 것이다(계 2:21-23). 끝내 이세벨은 회개의 기회를 거절하고 주님께로 돌아오지 않았다.

"또 내가 사망으로 그의 자녀를 죽이리니 모든 교회가 나는 사람의 뜻과 마음을 살피는 자인 줄 알지라 내가 너희 각 사람의 행위대로 갚아 주리라"(계 2:23).

(4) 두아디라 교회에 대한 권면(계 2:24-25)

교회가 가지고 있는 순수한 신앙을 주께서 오시는 그날까지 변치 말라고 권면하신다. 주님이 계속해서 심판의 대상자들이 누구누구인지 말씀하심을 볼 때 그들은 이세벨과 더불어서 간음하는 자들이다. 그래도 계속해서 회개하지 않으면 그들 역시 큰 환난을 피할 수 없을 것이다.

(5) 이기는 자에게 주시는 축복(계 2:26-28)

재림까지 그 어떤 환난에도 승리한 자에게는 만국을 다스리는 권세가 주어진다(계 2:26). 재림하시는 예수님은 왕권을 가지고 오실 것이다(도표 Ⅲ-3 참고). 이세벨의 유혹을 거절하고 돌이켜 주님을 따르는 자에게 주님께서는 두 가지를 약속해 주셨다. 그 하나는 주님의 우주적 통치권에 참여하는 만국을 다스리는 권세이고, 다른 하나는 새벽 별이다.

5) 사데 교회

(1) 사데 교회에 보낸 편지

"사데 교회의 사자에게 편지하기를 하나님의 일곱 영과 일곱 별을 가진 이가 가라사대 내가 네 행위를 아노니 네가 살았다 하는 이름은 가졌으나 죽은 자로다 너는 일깨워 그 남은 바 죽게 된 것을 굳게 하라 내 하나님 앞에 네 행위의 온전한 것을 찾지 못하였노니 그러므로 네가 어떻게 받았으며 어떻게 들었는지 생각하고 지키어 회개하라 만일 일깨지 아니하면 내가 도적같이 이르리니 어느 시에 네게 임할는지 네가 알지 못하리라 그러나 사데에 그 옷을 더럽히지 아니한 자 몇 명이 네게 있어 흰옷을 입고 나와 함께 다니리니 그들은 합당한 자인 연고라 이기는 자는 이와 같이 흰옷을 입을 것이요 내가 그 이름을 생명책에서 반드시 흐리지 아니하고 그 이름을 내 아버지 앞과 그 천사들 앞에서 시인하리라 귀 있는 자는 성령이 교회들에게 하시는 말씀을 들을지어다"(계 3:1-6).

사데 교회에게는 영적인 생명을 회복하라고 하셨다. 사데 교회는 주님께 칭찬을 듣지 못한 교회다. 그것은 그들이 명목상의 교회일 뿐 실제로는 죽은 교회에 지나지 않았기 때문이다. 사데 교회는 소아시아에 있었으며(도표 Ⅱ-1), 사데의 예언은 종교개혁시대 이후부터 근세 외국 선교시기에 이르기까지의 교회시대, 대략 주후 1520년부터 1821년까지의 교회시대를 상징한다.

사데 교회에 오신 예수 그리스도의 모습을 보면, 하나님은 일곱 영과 일곱 별을 가진 모습이었다. 즉 성령 충만으로 완전한 모습을 보여주시고 있다. 또 예수 그리스도는 교회의 머리이시다. 그분은 교회에 생명을 주시는 완전하고 유일하신 분이다. 그러므로 교회 안에만 구원이 있다.

(2) 사데 교회에 대한 책망(계 3:1)

종교개혁을 예표한 사데 교회를 향한 진단은 허물만이 남아 있을 뿐 내용적으로는 이미 죽었다는 것이다. 사데 교회는 이교도와 타협하여 죽은 이름을 가진 상태였다. 사데 교회의 소문은 좋았지만 하나님 보시기에는 영적 생명력과 능력이 죽어 버린 교회라고 책망하셨다.

(3) 사데 교회에 대한 권면(계 3:2-3)

예수님은 사데 교회가 죽어 있는 상태에서 어떻게 살아날 수 있는가를 권면하신다. 그것은 죽은 자리에서 깨어 일어나라는 것이다(마 24:42). 죽기 직전의 작은 신앙이라도 지켜 재생할 수 있는 것이다. 죽었다는 것은 포기했다는 것이다. 지금은 많은 사람들이 형식적인 신앙생활로 생명력이 없는, 능력이 없는 신앙생활을 하고 있다. 살 수 있는 가망은 별로 없지만 포기하지 말라는 것이다. 그다음에는 자신의 신앙을 점검하라는, 다시 말하면 회개하라는 것이다. 회개는 죽었던 상태에서 깨어날 수 있는 길이요, 생명과 능력을 되찾을 수 있는 길이기 때문에 예수님은 기도하라고 권면하신다.

(4) 사데 교회에 대한 칭찬(계 3:4)

어느 시대든 남아 있는 자들이 있다는 것은 하나님의 놀라운 은혜가 아닐 수 없다. 이 일은 마지막 때를 사는 우리에게도 매우 큰 힘이요, 소망이 된다. 죽어 가는 사데 교회 중에서도 믿음이 변질되지 않고 옷을 더럽히지 않은 자들이 있었다. 이것은 오직 예수 그리스도의 보혈의 능력을 힘입어 신앙에 승리한 자들을 칭찬하시는 것이다.

(5) 이기는 자에게 주시는 축복(계 3:5)

믿음을 끝까지 지키고 남아 있는 자들은 장차 주님께서 오실 때 흰옷을 입고 나갈 자들이다. 이들은 창세 전에 주의 책에 기록된 이름들이다(시 139:16). 끝까지 신앙의 정조를 지킨 자에게는 주의 책에 기록된 이름이 흐려지지(계 3:5=지워지지; 출 32:32) 않으므로 주님의 나라에 들어갈 수 있는 축복을 받게 된다(도표 Ⅲ-3).

(6) 사데 교회가 살아나기 위해서는

하나님께서는 그들을 흔들어 깨우기를 원하신다. 보다 구체적으로 그들을 흔들어 깨우기 위해서 주님이 어떤 모습으로 나타나셨고, 어떤 메시지를 전하고 계신지를 살펴볼 필요가 있다. 사데 교회를 향한 주님의 모습은 하나님의 일곱 영과 일곱 별을 가진 분이시다. 교회 안에 계시는 성령님과 일곱 교회의 사자가 같이 등장하는 이유는 그들의 친밀한 관계를 말해 준다. 사데 교회에 필요한 것은 교회의 사자들이 성령님의 인도를 받아서 다시 영적으로 살아나는 것이다. 그것은 영적인 교통이 단절되었기 때문이다.

사데 교회는 오랜 세월과 전통을 지켜 내려오면서 과거의 찬란한 역사를 간직한 도시였다. 그러나 수많은 시련의 시기를 거치면서 점차로 과거의 영광은 퇴색해 버리고 오직 남은 것은 폐허의 잔해뿐이었다. 그들의 역사는 주전 1200년경에 세워졌다.

사데 교회를 향한 주님의 책망은 "회개하라, 굳게 서라"는 것이었다. 그들은 현재는 죽어 있지만 살아날 수 있는 교회다. 주님께서 아직도 기다리고 계시기 때문에 희망이 있다. 너희들이 누구냐, 너희들은 그루터기가 아니냐! 우리 주님은 그루터기를 남겨 놓으셨다. 그 옷을 더럽히지 아니한 자 몇 명이 있다. 그들은 사데 교회가 다시 살아남을 수 있는 희망의 불씨다. 이들 때문에 주님은 사데 교회를 저버리지 않으실 것이다. 주님께서는 그들에게도 희망의 약속을 주신다. 만약 사데 교회가 주님께 진정으로 돌아서서 회개하면 흰옷을 입게 하실 것이요, 생명책에 그 이름을 기록해 주실 것이다.

6) 빌라델비아 교회

(1) 빌라델비아 교회에 보낸 편지

"빌라델비아 교회의 사자에게 편지하기를 거룩하고 진실하사 다윗의 열쇠를 가지신 이 곧 열면 닫을 사람이 없고 닫으면 열 사람이 없는 그이가 가라사대 볼지어다 내가 네 앞에 열린 문을 두었으되 능히 닫을 사람이 없으리라 내가 네 행위를 아노니 네가 적은 능력을 가지고도 내 말을 지키며 내 이름을 배반치 아니하였도다 보라 사단의 회 곧 자칭 유대인이라 하나 그렇지 않고 거짓말하는 자들 중에서 몇을 네게 주어 저희로 와서 네 발 앞에 절하게 하고 내가 너를 사랑하는 줄을 알게 하리라 네가 나의 인내의 말씀을 지켰은즉 내가 또한 너를 지키어 시험의 때를 면하게 하리니 이는 장차 온 세상에 임하여 땅에 거하는 자들을 시험할 때라 내가 속히 임하리니 네 가 가진 것을 굳게 잡아 아무나 네 면류관을 빼앗지 못하게 하라 이 기는 자는 내 하나님 성전에 기둥이 되게 하리니 그가 결코 다시 나 가지 아니하리라 내가 하나님의 이름과 하나님의 성 곧 하늘에서 내 하나님께로부터 내려오는 새 예루살렘의 이름과 나의 새 이름을 그 이 위에 기록하리라 귀 있는 자는 성령이 교회들에게 하시는 말씀 을 들을지어다"(계 3:7-13).

빌라델비아 교회에게는 적은 능력으로 충성하라고 당부하셨다. 빌라델비아는 소아시아에 있는 교회로(도표 Ⅱ-1), 주후 1821년부터 20세기 초까지의 선교시대를 상징한다. 빌라델비아는 형제의 사랑이 합쳐진 합성어이다. 이는 형제의 사랑과 선교시대를 의미한다.

예수님은 빌라델비아 교회에 진실하시고 거룩하신 모습으로 구원과 천국 열쇠의 권세를 가지고 오셨다.

(2) 빌라델비아 교회에 대한 칭찬(계 3:8-10)

빌라델비아 교회는 복음을 전할 때 기회를 놓치지 않았다. 그들은 적은 능력을 가지고 선교의 기회로 사용했다. 그들은 오직 말씀에 순종하며 예수님의 사랑을 함께 나눈 자들이었다(요 14:23). 또 그들은 예수의 이름을 배반하지 않았으므로 예수님이 그들을 칭찬하셨다. 말씀에 순종하여 인내한다는 것은 엄청난 아픔이요, 고통이지만 그 인내의 끝에 빌라델비아 교회는 시험의 때를 면하게 될 것이라고 주님은 약속해 주셨다.

(3) 빌라델비아 교회에 대한 권면(계 3:11)

고통과 인내의 상황은 끝이 없는 듯 보이지만 주님이 오실 날이 가까이 오고 있다(단 9:24; 계 19:11-16). 주님이 빨리 오시겠다는 것은 우리의 고통과 인내의 기간이 줄어든다는 것이다. 주님은 빌라델비아 교회에 사랑이 담긴 권면을 주시기를 자기의 믿음을 굳건히 지킬 것이요, 자기의 면류관을 빼앗기지 않도록 지키라는 것이다(계 22:12, 3:11). 믿음을 따라 인내하며 승리하는 자에게는 반드시 상을 주신다는 말씀이다.

(4) 끝까지 이기는 자에게 주시는 축복(계 3:12-13)

끝까지 이기는 자에게는 하나님 성전에 기둥이 되게 하시며(왕상 7:21), 천국에 영원히 거하게 하시며, 새 예루살렘의 시민으로 살게 될 것을 약속하셨다. 예수님의 말씀을 끝까지 지키는 자들에게 주시는 축복이다(도표 Ⅲ-3).

"오직 우리의 시민권은 하늘에 있는지라 거기로서 구원하는 자 곧 주 예수 그리스도를 기다리노니"(빌 3:20).

"내가 속히 임하리니 네가 가진 것을 굳게 잡아 아무나 네 면류관을 빼앗지 못하게 하라"(계 3:11).

"이기는 자는 내 하나님 성전에 기둥이 되게 하리니 그가 결코 다시 나가지 아니하리라 내가 하나님의 이름과 하나님의 성 곧 하늘에서 내 하나님께로부터 내려오는 새 예루살렘의 이름과 나의 새 이름을 그이 위에 기록하리라"(계 3:12).

주님은 빌라델비아 교회를 바라보시고 정말로 훌륭하게 여기셨다. 그들은 적은 능력을 가지고도 예수님의 말씀을 신실하게 지켰다. 놀라운 것은 빌라델비아 교회가 서머나 교회처럼 책망이 없는 또 하나의 교회라는 사실이다. 우리는 이 두 교회가 주님의 기쁨이 될 수 있었던 이유를 그들이 처한 척박한(보잘것없는) 외적 환경에서는 찾을 수 없다.

빌라델비아에 소개되는 주님은 '다윗의 열쇠를 가지신 이' 로 묘사된다. 우리 주님이 다윗의 혈통을 잇는 참된 메시아적 신분을 가진 분이심을 상기시키는 것이다. 다윗의 열쇠를 가지고 열면 닫을 자가 없고 닫으면 열 사람이 없다는 말은 오직 주님께서만 이 세상에 대한 구원과 심판의 권세를 쥐고 계시다는 뜻이다.

빌라델비아 교회를 향한 주님의 칭찬에서 특기할 만한 부분은 이 교회가 적은 능력을 가졌지만 주님께 끝까지 충성을 다했다는 점이다. 그들은 적은 능력을 가지고도 예수님의 말씀을 신실하게 지켰으며, 주님의 이름을 배반하지 않았다. 그러므로 그들은 칭찬받아야 마땅하다고 할 수 있다. 주님께서는 능력보다 신실함을 더 중요시하신다. 이것이 주님의 기준이다. 우리가 얼마나 큰 달란트를 주인에게서 받았느냐 하는 것은 중요치 않다. 그것을 가지고 어떻게 장사할 수 있는가가 중요하다.

권면과 약속이 주어진다. 권면은 비판이 아니라 그것을 향한 당부다. 특히 사랑이 담겨있는 권고는 "…네가 가진 것을 굳게 잡아 아무나 네 면류관을 빼앗지 못하게 하라"(계 3:11)는 것이다.

빌라델비아 교회를 향한 위대한 약속은 ① "너를 지켜 시험의 때를 면하게 할 것"이라는 말씀을 통해 시험에서 친히 승리하게 하실 것을 말씀해 주신다. ② 성전의 기둥이 되게 하심은 마치 솔로몬 성전의 야긴과 보아스같이 하나님이 그들 가운데 거하사 그들을 확고하게 세우시고 견고케 하실 것을 나타낸다. ③ "이기는 자에게는 하나님과 새 예루살렘의 이름과 나의 새 이름을 기록할 것이다." 그들의 이름을 기록하신다는 것은 완성될 새 예루살렘에 들어가는 주의 백성들이 되게 하실 것이라는 위로와 약속의 말씀이다.

7) 라오디게아 교회

(1) 라오디게아 교회에 보낸 편지

"라오디게아 교회의 사자에게 편지하기를 아멘이시요 충성되고 참된 증인이시요 하나님의 창조의 근본이신 이가 가라사대 내가 네 행위를 아노니 네가 차지도 아니하고 더웁지도 아니하도다 네가 차든지 더웁든지 하기를 원하노라 네가 이같이 미지근하여 더웁지도 아니하고 차지도 아니하니 내 입에서 너를 토하여 내치리라 네가 말하기를 나는 부자라 부요하여 부족한 것이 없다 하나 네 곤고한 것과 가련한 것과 가난한 것과 눈먼 것과 벌거벗은 것을 알지 못하도다 내가 너를 권하노니 내게서 불로 연단한 금을 사서 부요하게 하고 흰옷을 사서 입어 벌거벗은 수치를 보이지 않게 하고 안약을 사서 눈에 발라 보게 하라 무릇 내가 사랑하는 자를 책망하여 징계하노니 그러므로 네가 열심을 내라 회개하라 볼지어다 내가 문 밖에 서서 두드리노니 누구든지 내 음성을 듣고 문을 열면 내가 그에게로 들어가 그로 더불어 먹고 그는 나로 더불어 먹으리라 이기는 그에게 는 내가 내 보좌에 함께 앉게 하여 주기를 내가 이기고 아버지 보좌에 함께 앉은 것과 같이 하리라 귀 있는 자는 성령이 교회들에게 하시는 말씀을 들을지어다"(계 3:14-22).

라오디게아 교회에게는 거짓된 자기만족을 거절하라고 명하셨다. 라오디게아 교회는 소아시아에 있는 교회로 20세기 후반에서 현대 교회 시대까지를 상징한다.

'라오디게아'는 원어적으로 '민중의 비위를 맞추다' 또는 '민주주의'라는 뜻을 가지고 있으며, 예언적으로는 종말의 교회시대를 상징하면서 마지막의 교회시대로, 이방인들을 구원(롬 11:25; 눅 21:24) 하기 위한 마지막의 기회로 달려가고 있는 구원의 시대를 내포하고 있다.

예수님이 라오디게아 교회에 나타나신 모습은 진실하신 모습, 하나님께 충성하시는 모습, 전지전능하신 창조주의 모습이셨다(히 1:2).

"이 모든 날 마지막에 아들로 우리에게 말씀하셨으니 이 아들을 만유의 후사로 세우시고 또 저로 말미암아 모든 세계를 지으셨느니라"(히 1:2).

(2) 라오디게아 교회에 대한 책망(계 3:15-18)

라오디게아 교회에 대해서는 칭찬은 하나도 없고 책망뿐이셨다. 오늘날 우리의 교회시대를 통해서도 강력하게 책망하신다. 지금 이 시대의 차지도 뜨겁지도 않은 믿음을 책망하신다(도표 Ⅲ-4).

(3) 라오디게아 교회에 대한 권면(계 3:18-20)

> "내가 너를 권하노니 내게서 불로 연단한 금을 사서 부요하게 하고 흰옷을 사서 입어 벌거벗은 수치를 보이지 않게 하고 안약을 사서 눈에 발라 보게 하라 무릇 내가 사랑하는 자를 책망하여 징계하노니 그러므로 네가 열심을 내라 회개하라"(계 3:18-19).

이는 예수님의 권고의 말씀이다(도표 Ⅲ-4). 항상 믿음의 문을 열고 늘 주님을 맞이하는 신앙을 가지라는 분부의 말씀이다.

(4) 이 시대의 이기는 자에게 주시는 축복(계 3:21-22)

책망을 받았지만 돌이켜 회개하고 믿음의 문을 열어서 주님을 모셔들임으로 마침내 승리할 수 있다. 이런 자에게 주어지는 축복은 하나님 아버지의 보좌에 함께 앉게 해주신다는 것이다. 참으로 놀라운 축복이다(도표 Ⅲ-3, Ⅲ-4).

라오디게아 시대	➡	1. 미지근한 신앙의 죄
	➡	2. 부요한 죄
	➡	3. 영적으로 곤고한 자
	➡	4. 영적으로 불쌍한 자
	➡	5. 눈먼 자
	➡	6. 벌거벗은 자
권면	➡	1. 불로 연단하라
	➡	2. 흰옷을 사서 수치를 가리라
	➡	3. 안약을 사서 바르라
	➡	4. 열심을 내라
	➡	5. 회개하라

〈도표 Ⅲ-4〉

(5) 거짓된 자기만족의 인식과 재검토

라오디게아 교회는 부유한 도시에 위치해 있었다. 그러나 외적인 풍요로움과 달리 주님께 아무런 칭찬도 받지 못하고 책망만 받은 가련한 교회이다. 칭찬 대신에 비판과 책망만 받은 교회다. 어떤 심각한 문제가 있었기에 주님께 한마디의 칭찬도 듣지 못하는 수치스러운 교회가 된 것일까? 그들은 거짓된 '자기만족'에 빠졌다.

자기만족이란 심각한 죄악이며 이는 영적으로 죽은 것 못지않은, 즉 치료가 불가능해 보이는 죽음에 이르는 큰 병이다. 거짓된 자기만족은 올바르지 못한 자기 인식에 뿌리를 둔다. 인간은 곧잘 역경 앞에서는 자신의 부족한 모습을 성찰하는 경우가 있지만 모든 상황이 원하는 대로 흘러가고 외관상 잘되어 갈 때는 스스로를 객관적이고 냉철하게 파악하는 영적 감지 능력이 무뎌지기(둔해지기) 시작한다. 급기야는 하나님이 편한 환경을 주신 것은 우리를 기뻐하시는 증표라고 생각하기에 이른다.

주님은 라오디게아 교회를 향하여 "…아멘이시요 충성되고 참된 증인이시요 하나님의 창조의 근본이신 이가 가라사대"(계 3:14)라고 밝히신다(도표 Ⅲ-4).

또한 주님은 라오디게아 교회에 대하여 그들이 차지도 덥지도 않은 미지근한 모습으로 서 있다고 개탄하신다. 그럼 뜨거운 것만 취하는 것이 꼭 올바른 신앙의 자세인가. 차가운 것은 열정을 잃어버린 상태라고 해석을 해야 하나? 이것은 성경의 배경을 제대로 이해하지 못한 잘못된 해석이다.

당시 라오디게아 교회는 히에라폴리스와 골로새라는 두 도시 사이에 위치하고 있었다. 히에라폴리스에는 질병을 고쳐 주는 뜨거운 물이, 골로새에는 차고 시원한 물이 있었다. 그러니까 더운 물은 더운물의 기능이 있고, 찬물은 찬물의 기능이 있듯이 두 가지 가운데 어느 것 하나도 문제가 되지 않는다. 진짜 심각한 문제가 되는 것은 좋지 않은 수질에서 차지도 않고 덥지도 않은 미지근한 물로, 이는 참으로 역겨운 것이다. 라오디게아 교회의 상태가 바로 그러했다. 이것도 저것도 아닌 공존의 땅에서 회색지대의 삶을 익숙하게 살아가는 사람들이 있는 것이다.

주님은 그들을 자신의 입에서 토해 내치리라고 말씀하셨다. 그들은 자신들을 부자로 인식했다. 물질적으로 풍성하기 때문에 영적으로도 부족한 것이 없다고 생각했다. 그들에게서는 하나님만을 바라보는 핍절(乏絕)함과 심령의 가난함을 찾아볼 수 없었다. 이러한 교회는 주님의 기준에 따르면 실상 부요한 교회가 아니라 가난한 교회다. 주님은 그들을 곤고하고 가련하고 헐벗었다고 진단하신다.

더욱더 가슴이 아픈 것은 영적으로 이러한 상태에 있음에도 불구하고 그들은 이 사실을 인식하지 못하고 있었다는 점이다. 이 점이 주님께서 라오디게아 교회를 그렇게 호되게(무섭게) 야단(혼내줌) 치신 이유이다.

그러므로 그들이 회복할수 있는 길은 '헛된 자기만족을 거절' 하고 정확한 자기 진단을 통하여 주님 앞으로 빈손 들고 나아오는 것이다. 충격적인 사실은 그들이 거짓된 자기만족에 빠져 있는 동안에 주님께서는 그들의 교회 문 밖으로 밀려나 계셨다는 점이다.

> "볼지어다 내가 문 밖에 서서 두드리노니 누구든지 내 음성을 듣고 문을 열면 내가 그에게로 들어가 그로 더불어 먹고 그는 나로 더불어 먹으리라"(계 3:20)

위에서 말씀하신 문은 손잡이가 문 밖에는 달려 있지 않다. 그러므로 예수님께서 그 집 안으로 들어가시려면 꼭 집 안에 있는 사람이 열어 주어야만 하는 것이다. 사실상 주님과의 교제를 상실한 교회가 다시 주님과 친밀한 관계 속으로 들어갈 수(올 수) 있는 길을 처방하시는 좋은 성경구절이다. 주님과의 교제 가운데 부요한 교회 공동체로 회복되는 길로 초청하시는 메시지인 것이다.

▣ 아시아의 일곱 교회를 마치고 나서

교회는 하나님께서 특별히 부르셔서 이전과는 달리 구별된 삶을 살기로 작정한 사람들의 모임이면서 하나님의 약속에 그 근거를 둔 구원의 공동체를 말한다.

아시아의 일곱 교회를 향한 메시지는 각기 교회가 처해 있는 상황에 따라서 다양한 모습으로 나타났다. 그러나 일곱 교회를 향한 주님의 기대는 동일하셨다. 7이라는 숫자 가운데 암시하는 목적을 두고 전략적(전투 방향)으로 사용하시어 핵심적(중점적) 메시지를 참으로 잘 부각(표현해 주고)시키고 계신다. 지금까지 살펴본 일곱 교회를 향한 교훈은 앞으로 요한계시록 6-16장에서 살펴볼 7재앙 시리즈(7인봉, 7나팔, 7대접)가 될 것이다. 7재앙 시리즈가 철저한 재앙을 의미한다면, 일곱 교회를 향한 메시지는 주님의 기대가 어디까지인지를 충분히 말해 준다. 주님은 온전한(완전한) 하나님의 형상이 이루어지기까지 참고 기다리시기 때문이다. 주님의 인내는 결코 바닥을 치지 않는다.

> "자기 앞에 영광스러운 교회로 세우사 티나 주름잡힌 것이나 이런 것들이 없이 거룩하고 흠이 없게 하려 하심이니라"(엡 5:27).

주님께서는 자기 피로 사신 교회가 주님이 기대하시는 수준까지 성장하지 못하는 것을 견디지 못하신다. 교회가 완전한 수준에 도달할 때까지 만족하지 않으실 것이다. 주님께서 요구하시는 거룩하고 흠이 없는 수준에 이르기까지 그분은 쉬지 않으실 것이다. 어떤 수단과 방법을 동원해서라도 주님께서는 지상의 불완전한 교회를 결단코 완성하실 것이다. 정말 필요하면 '매를' 들어서라도 이 위대한 '하나님의 구원 계획'을 교회를 통해서 다 이루실 것이다.

일곱 교회를 향한 메시지를 살펴보면, 이러한 주님의 마음을 읽을 수 있다. 때로는 칭찬하고, 때로는 책망하고, 때로는 격려하고, 때로는 진노하시며, 때로는 쓰다듬고, 때로는 위협하면서 어르고 달래시는 주님의 심정은 바로 교회를 다시 세우려 하시는, 교회를 향해 지금도 전진하시는 주님의 의지를 나타낸다.

주님께서는 어떤 경우에도 교회를 포기하지 않으실 것이다. 우리는 먼저 고난의 현실 가운데서도 이 사실에 근거하여 든든한 위로를 맛보아야 한다. 마찬가지로 어떤 경우에도 우리를 포기하지 않으시는 주님이 계시기에 우리는 어두운 절망의 환경으로 인하여 결코 망하지 않을 것이다. 주님이 교회를 향해서 "너는 내 운명"이라고 십자가 위에서 말씀하셨기 때문에 우리는 궁극적으로 구속함을 받은 것이다. 위와 같은 사실을 믿을 때 위로와 용기가 생기지 않는가?

주님의 엄청난 기대 가운데 교회는 서(stand) 있지만 여전히 교회는 문제투성이의 모습으로 세상 앞에 버티고 서(stand) 있다. 교회가 세상에 거룩한 영향력을 끼치기보다는 세상으로부터 깊고도 깊은 영향을 받고 있는 것이다.

지금 이 시대의 심각한 문제는 바로 교회의 문턱이 허물어져 세상을 닮아 간다는 것이다. 이러한 사실 때문에 주님께서 원하시는 온전한 공동체가 되기 위해 전투하는 교회가 되어야 한다. 요한계시록 2장과 3장의 방식으로 말하자면 '이기는 자'가 되어야만 한다. 주님께서 우리를 포기하지 않으시는 것처럼 우리도 어떤 순간에라도 주님 앞으로 다시 돌이키는 일을 포기하지 않아야 한다. 그때 교회는 주님께서 원하시는 모습으로 새로워지고 새로워질 것이다.

3. 마지막의 교회시대

1) 작은 책(계 10장)

"내가 또 보니 힘센 다른 천사가 구름을 입고 하늘에서 내려오는데 그 머리 위에 무지개가 있고 그 얼굴은 해 같고 그 발은 불기둥 같으며 그 손에 펴 놓인 작은 책을 들고 그 오른발은 바다를 밟고 왼발은 땅을 밟고 사자의 부르짖는 것같이 큰 소리로 외치니 외칠 때에 일곱 우레가 그 소리를 발하더라 일곱 우레가 발할 때에 내가 기록하려고 하다가 곧 들으니 하늘에서 소리 나서 말하기를 일곱 우레가 발한 것을 인봉하고 기록하지 말라 하더라 내가 본 바 바다와 땅을 밟고 섰는 천사가 하늘을 향하여 오른손을 들고 세세토록 살아 계신 자 곧 하늘과 그 가운데 있는 물건이며 땅과 그 가운데 있는 물건이며 바다와 그 가운데 있는 물건을 창조하신 이를 가리켜 맹세하여 가로되 지체하지 아니하리니 일곱째 천사가 소리 내는 날 그 나팔을 불게 될 때에 하나님의 비밀이 그 종 선지자들에게 전하신 복음과 같이 이루리라 하늘에서 나서 내게 들리던 음성이 또 내게 말하여 가로되 네가 가서 바다와 땅을 밟고 섰는 천사의 손에 펴 놓인 책을 가지라 하기로 내가 천사에게 나아가 작은 책을 달라 한즉 천사가 가로되 갖다 먹어 버리라 네 배에는 쓰나 네 입에는 꿀같이 달리라 하거늘 내가 천사의 손에서 작은 책을 갖다 먹어 버리니 내 입에는 꿀같이 다나 먹은 후에 내 배에서는 쓰게 되더라 저가 내게 말하기를 네가 많은 백성과 나라와 방언과 임금에게 다시 예언하여야 하리라 하더라"(계 10:1-11).

(1) 작은 책을 가진 천사의 모습(계 10:1-14)

1-4절에 작은 책을 가진 천사가 매우 장엄하게 묘사되는데, 그는 구름을 입고, 머리에는 무지개가 있고, 그 얼굴은 해와 같이 영광으로 빛나고, 발은 불기둥과 같았다. 이 천사는 또 작은 책을 들고서 오른발은 바다를 밟고, 왼발은 땅을 밟고 서(stand) 있었다고 덧붙였다. 그리고 그는 사자의 부르짖는 것같이 외쳤다. 그 천사가 외치자 일곱 우레가 그 소리를 발하였다. 그러나 일곱 우레가 발한 것은 인봉하고 기록하지 말라고 하셨다. 이 장면이 어쩌면 주님의 재림 모습과도 같다.

(2) 임박한 종말을 예고하심(계 10:5-7)

5-7절에서 계속되는 선언을 위한 준비로 그 천사는 영원하신 창조주 하나님께 엄숙히 맹세하면서 지체하지 아니하리니(계 10:6 하)라고 선언한다. 적절한 때에 세상을 심판하시겠다는 하나님이 그 전능성을 확인해 주시는 말씀이다. 일곱째 나팔과 함께 하나님의

비밀이 성취될 것이라는 선언이 들렸다. 이 비밀은 이미 하나님의 선지자들에게 알려졌던 바이다. 그러니 감췄던 비밀이 아닌 하나님의 아들의 영광스런 재림과 동시에 의와 평화의 왕국을 세우신다는 구약의 약속들이 성취되는 것을 의미한다(계 10:6=11:15). 그때에는 모든 사람이 주님과 그에 대한 진리를 정확히 알게 된다(렘 31:34; 요 16:22-23 상). 여기에서 다시 한 번 일곱째 나팔이 요한계시록 16장(계 16:1-17, 첫째 대접-일곱째 대접까지)에 있는 하나님의 진노의 일곱 대접을 이끌어(일곱째 나팔+일곱 가지의 모든 대접들이 동시다발적으로 쏟아지는 시점이다) 온다는 것이 증명되고 있다. 여기서 이 책은 매우 중요하다.

(3) 작은 책을 먹으라(계 10:8-11)

요한이 천사의 말에 순종하여 그 작은 책을 먹어 버렸다. 그의 입에서는 꿀같이 달았지만 배에서는 썼다. 그러고 나서 다시 "예언하라"(예수님께서 곧 재림하신다는 것을 전해야 한다=예언해야 한다)고 천사가 명령하였다. 그 책을 먹어 버림으로 그 책이 말하는 것을 완전히 자기 것으로 만들라는 뜻이다(렘 15:16). 요한에게 다시 신실하게 말씀을 전하라고 하시니 이 말씀은 하나님의 은혜의 계시이고, 산 자들에게 주어지는 값진 약속들이기에 요한에게는 달았다. 마치 다윗이 "여호와의 교훈은 정직하여 마음을 기쁘게 하고…꿀과

송이꿀보다 더 달도다"(시 19:8-10)라고 했듯이 이 말씀이 신자들에게는 달지만 불신자들에게는 하나님의 심판을 예언하는 것이므로 쓰다.

(4) 작은 책에 관한 말씀으로 재점검

"하늘에서 나서 내게 들리던 음성이 또 내게 말하여 가로되 네가 가서 바다와 땅을 밟고 섰는 천사의 손에 펴 놓인 책을 가지라 하기로"(계 10:8).

"내가 천사에게 나아가 작은 책을 달라 한즉 천사가 가로되 갖다 먹어 버리라…"(계 10:9).

"내가 천사의 손에서 작은 책을 갖다 먹어 버리니 내 입에는 꿀같이 다나 먹은 후에 내 배에서는 쓰게 되더라"(계 10:10).

"저가 내게 말하기를 네가 많은 백성과 나라와 방언과 임금에게 다시 예언하여야 하리라 하더라"(계 10:11).

사도 요한이 보니 바다와 땅을 밟고 섰는 천사가 하늘을 향해 오른손을 들고 세세토록 살아 계신 하나님께 맹세한다(계 10:5-6). 땅과 바다와 우주만물을 창조하신 창조주 하나님께 아들 예수 그리스도가 이 세상을 엄중하고 확실하게 심판하실 때가 임박했다고, 천사가 맹세하여 가로되 "지체하지 아니하리니"라고 한다. 이때에 일곱째 나팔과 함께 일곱 대접이 동시다발적으로 쏟아진다. 장차 주님은 구름을 타고[백마를 타고(계 19:11)] 속히 오실 텐데, 주님의 재림이 더디 오기를 구하는 자는 악한 자요 재림 신앙으로 기다리는 자는 순결한 신앙인들이다. 이 일은 일곱째 천사가 나팔 소리를 내는 날에(계 10:7, 11:15, 19:11-16) 다 성취된다. 성취 방법은 그 종 선지자들에게 이미 전하신 복음과 같이 이루어질 것이다.

> "…바다와 땅을 밟고 섰는 천사의 손에 펴 놓인 책을 가지라 하기로"(계 10:8).

이것을 받으니 작은 책이요 곧 요한계시록이라. 천사는 맹세하기를 지체하지 아니하리니라고 하였고, 요한이 받은 작은 책을 갖다 먹어 버리니 그의 배에는 쓰나 입에는 꿀같이 달았다(계 10:10). 이 책은 마지막 때의 일을 기록하고 있고, 또 다른 곳에서도 "일곱째 천사가 나팔을 불매 하늘에 큰 음성들이 나서 가로되 세상 나라가 우리 주와 그 그리스도의 나라가 되어 그가 세세토록 왕 노릇 하시리로다 하니"(계 11:15)라고 하였다. 주님의 나라는 이렇게 완성이 된다. 영원히 영원히…(시 103:19). The LORD has established His throne in heaven, and His kingdom rules over all.

위의 이 말씀들은 그동안 세상에서 요한계시록을 읽지도 보지도 않고 멸시했다는 것이다. 칼빈도 요한계시록의 주석은 쓰지 않았다. 그러므로 이단들이 먼저 요한계시록의 좋은 말씀들을 다 가지고 가서 사용하여 세상 많은 사람들을 미혹시켰기 때문에 더욱더 요한계시록이 믿는 자들에게 멀리하는 것이 되었다. 그래서 지금은 요한계시록 하면 이단이 된다고 조심하라고 한다. 이 얼마나 엄청난 과오를 범하는 일인가? 요한계시록은 앞으로 우리에게 다가올 일들이다. 다시 한 번 시편 103편 19절 말씀을 강조한다.

> The LORD has established His throne in heaven, and His kingdom rules over all.
> **"여호와께서 그 보좌를 하늘에 세우시고 그 정권으로 만유를 통치하시도다"(시 103:19; 슥 14:9).**

이는 속히 될 일이요, 모든 축복이 완성되는 부분 부분들이다. 영원히 영생하는 길이 있음을 보여주는 과정이다. 요한이 손에 편 책을 요구할 때에 천사가 이 작은 책을 갖다 먹어 버리라고 했다

(계 10:9). 여기서 먹어 버리라는 것은 요한계시록의 말씀을 읽고 말씀대로 행하고 옮기라는 것이다(계 1:3). 머리로만 이해하라는 것이 아니라 진실한 신앙인이 되라는 것이다. 먹여주는 것만 받아먹는 어린아이가 아니라 스스로 단단한 말씀을 먹고 그리스도의 장성한 분량에 이르는 자가 되라는 것이다(엡 4:13).

요한계시록(작은 책)을 먹었을 때 입에는 꿀같이 달고(다나) 먹은 후에 네 배에서 쓰다는 말씀은 복음으로 행하기 어렵다는 의미이다. 이 말씀이 완전히 소화되면, 다시 말해서 정확히 이해하고 무장이 되면 말씀 따라 순교까지 하는 순종의 삶을 이행하면서 살아간다는 것이다. 그다음으로 이 작은 책의 말씀을 먹은 자는 많은 백성과 나라와 방언과 임금과 그 어느 누구에게든지 나아가서 다시 예언을 하라는 것이다. 이 예언은 주님께서 오실 날이 매우 가깝다는 복음을 전하라는 것이다. 요한계시록은 주님께서 다시 오실 것과 마지막 때에 될 일이 소상하게(자세하게) 기록되어 있으니 곧 요한계시록이 작은 책이다. 이 작은 책을 만방에 전하라는 명령이다(도표 Ⅲ-3).

2) 두 증인(계 11:1-14)

"또 내게 지팡이 같은 갈대를 주며 말하기를 일어나서 하나님의 성전과 제단과 그 안에서 경배하는 자들을 척량하되 성전 밖 마당은 척량하지 말고 그냥 두라 이것을 이방인에게 주었은즉 저희가 거룩한 성을 마흔두 달 동안 짓밟으리라 내가 나의 두 증인에게 권세를 주리니 저희가 굵은 베옷을 입고 일천이백육십 일을 예언하리라 이는 이 땅의 주 앞에 섰는 두 감람나무와 두 촛대니 만일 누구든지 저희를 해하고자 한즉 저희 입에서 불이 나서 그 원수를 소멸할지니 누구든지 해하려 하면 반드시 이와 같이 죽임을 당하리라 저희가 권세를 가지고 하늘을 닫아 그 예언을 하는 날 동안 비 오지 못하게 하고 또 권세를 가지고 물을 변하여 피 되게 하고 아무 때든지 원하는 대로 여러 가지 재앙으로 땅을 치리로다"(계 11:1-6).

요한계시록 11장의 주제 역시 10장과 동일한 맥락에서 재앙의 시대 가운데 교회가 담당해야 할 복음 전파의 사명을 말한다. 요한은 천사의 손에 펴놓은 작은 책(요한계시록)을 먹었다. 그다음에는 지팡이 같은 갈대를 주신다. 이 말씀은 성전 안에서 하나님을 경배하는 자들을 척량하는 것으로, 하나님 말씀대로 양식을 때를 따라 나누어 주는 충성되고 지혜 있는 종이(마 24:45) 바로 두 증인의 사역이다.

지팡이와 같은 갈대를 받았다 하는데, 이것은 척량하는 도구로 사용된다. 성전과 제단, 즉 성소와 지성소를 척량하고 성전 밖 마당은 척량하지 말라는 지시를 받았다. 곧이어 그곳은 이방인들이 지배하게 되어 그들이 거룩한 성을 마흔두 달 동안 짓밟을 것이라고 하셨다. 요한이 성전을 척량한 것은 무슨 뜻인가? 성전 안에서 경배하는 자들, 즉 거듭난 성도들(새 언약을 믿는 자)을 척량하는데 그 성도의 믿음을 척량하라는 것이다. 하나님의 척량의 기준은 하나님께 신령과 진정으로 드리는 예배이다. 신령과 진정은 내가 성전이 되어(고전 3:16), 즉 나 스스로가 성전이 된 자들의 공동체가, 주님이 머리가 되는 교회에 모여서 하나님께 예배드리는 것이다(엡 1:22-23).

이 성전은 대환란의 초기부터 희생이 중단되고 성전은 더럽혀져서 '대환란' 때에 있을 '세계 통치자의 전'이 될 것이다. 그 통치자는 성전에 자기 우상을 세우고 자기가 하나님이라고 선언할 것이다(단 9:27, 12:11; 살후 2:4; 계 13:14-15).

요한은 또한 성전에 들어가 예배하는 자들도 척량하라는 명령을 듣는다(계 11:1). 이는 하나님께서 성전뿐 아니라 그 안에 있는 사람도 다 평가하실 것이라는 뜻이다. 그러므로 성전 밖 마당은 척량하지 말라고 하신다. 거듭나지 못하고 예수 그리스도를 믿지 않고 성전이 되지 못한 자(고전 3:16), 예배에 목숨을 걸지 않은 자, 구원에 이르지 못한–복음을 모르는 자는 척량하지도 말라는 것이다. 그들은 마흔두 달 동안 이방인들에게 짓밟힌다는 것이다. 앞으로 다가올 대환란 기간 동안에 이방인의 마지막 왕 적그리스도에게 삼 년 반 동안(특히 후 삼 년 반 때) 진노로 황폐케 될 때 홍수에 엄몰됨같이 짓밟힌다는 것이다(단 9:26-27). 하나님께 드리는 예배는 단순한 모임이 아니라 예배를 위해서 산 제물이 되는 예배, 신령과 진정으로 드리는 참 예배가 되어야 한다. 순교적 삶으로 드리는 예배가 되어야 함을 말씀하고 있는 것이다(계 11:2; 요 4:23-24).

> "아버지께 참으로 예배하는 자들은 신령과 진정으로 예배할 때가 오나니 곧 이때라 아버지께서는 이렇게 자기에게 예배하는 자들을 찾으시느니라 하나님은 영이시니 예배하는 자가 신령과 진정으로 예배할지니라"(요 4:23-24).

(1) 두 증인의 사역 기간과 권세(계 11:3-6)

교회가 대적들의 핍박을 받으면서도 하나님의 보호 가운데 증인으로서의 사역을 수행하는 기간을 말한다. 두 증인이 능력을 받아서 1,260일 동안 혹은 42개월 동안 증인으로서 일하도록 하는 내용이 요한에게 계시되었다. 그들은 굵은 베옷을 입었고, 두 감람나무와 두 촛대라고 일컬어졌다.

이 두 증인이 과연 누구인가 하는 문제이다. 이 둘은 모세와 엘리야라고도 하는데, 엘리야라고 하는 근거는 “보라 여호와의 크고 두려운 날이 이르기 전에 내가 선지 엘리야를 너희에게 보내리니”(말 4:5)라고 한 말라기의 예언 때문이다. 예수님께서는 이 예언의 일부가 자신의 공생애 가운데 이루어졌다고 하셨다(마 17:10-13; 막 9:11-13; 눅 1:17). 또 다른 한 가지 이유는 모세와 엘리야가 예수님의 변화산상(transfiguration)에 참여하였기 때문이다.

또 다른 문제로는 다음에 대환란 전에 일어날 일들을 마지막 종말시대에 복음을 전하여 알도록 새 언약의 사역자로 남종과 여종을 두 증인으로 부르실 것이다(욜 2:28-32). 권세 받은 이 두 증인은 종말에 사역할 종들이다(계 22:16). 원래 두 증인이란 특정한 두 사람을 가리키며, 이 두 증인은 법정의 두 증인의 수이다(신 19:15). 그러나 종말에 사역할 두 증인이 몇인지는 알 수 없다.

이는 종말 때 사역하는 모든 참 종들을 말하며, 이 두 증인은 권세(계 11:3)와 능력을 받아 땅 끝까지 이르는 71억 인구를 향해 참 진리를 외칠 참 증인이 되어야 할 참 남종과 여종들이다(욜 2:28-32). 구약의 선지자들처럼 이 두 증인도 초자연적인 이적을 행할 수 있게 능력을 주셨고, 해하려 하는 자들을 불로 멸망시킬 수 있게 하셨다(계 11:5). 엘리야처럼 비를 멈추게 할 능력도 있고, 모세처럼 물이 변하여 피가 되게 하기도 하고, 재앙을 내릴 능력도 갖고 있었다(계 11:6).

대환란 기간은 1,260일로, 이 수치는 매달을 30일로 계산하여 확인된 숫자이다.

이 대환란의 기간 동안 불신자들과 배교자들 가운데서 이 두 증인의 권능과 권세로 사악한 자들일지라도 매우 두려움을 느낄 것이다. 다시 말해서, 구약시대의 하나님은 왕-제사장-선지자들에게도 성령이 임하게 하심으로 그들을 통해서 하나님의 일을 하셨다. 그러나 신약시대에 와서는 임마누엘 되신 주님께서 새 언약의 중보자(히 12:24)로 직접 오셔서 복음을 우리에게 이루어 주시고, 곧 창세 전에 그리스도 안에서(엡 1:4) 우리를 택하사 우리를 그 사랑 안에서 거룩하고 흠이 없게 하셨다. 그리고 지금 우리가 살고 있는 이 시대, 영적으로 매우 혼탁한 이 마지막 때에는 배교한 성도들을 예수님의 이름으로 구원하시기 위하여 남종과 여종들을 두 증인으로 부르시고(갈 3:8; 욜 2:28-32), 성령을 물 붓듯이 부어 주셔서 두 증인들로 하여금 사명을 감당하게 하실 것이다.

(2) 두 증인의 죽음(계 11:7-10)

두 증인의 사역 기간이 끝났을 때 하나님은 무저갱으로부터 올라오는 짐승(계 9:1-2, 11, 17:8, 20:1-3)이 그들을 이기도록 허용하셨다. 이 짐승, 즉 적그리스도는 요한계시록에 아홉 번 더 기록되어 있다. ① 계 13:1 ② 계 14:9 ③ 계 14:11 ④ 계 15:2 ⑤ 계 16:2 ⑥

계 17:3 ⑦ 계 17:13 ⑧ 계 19:20 ⑨ 계 20:10. 이렇게 이 두 증인이 죽임을 당한 뒤 그들의 시체는 백성들의 배교와 배신 때문에 "…소돔이라고도 하고 애굽이라고도…"(계 11:8) 하는 예루살렘에 장사되지 못한 채 버려졌다.

다시 말해서, 저희가 그 증거를 마칠 때에 무저갱으로부터 올라오는 짐승이 저희로 더불어 전쟁을 일으켜 저희를 이기고 저희를 죽일 터인즉 저희 시체가 큰 성 길에 있으리니, 그 성은 영적으로 하면 소돔이라고도 하고 애굽이라고도 하니 곧 저희 주께서 십자가에 못 박히신 곳이니라. 백성들과 족속과 방언과 나라 중에서 사람들이 그 시체들을 이렇게 방치해 두게 내버려 두었다.

사흘 반 동안 전 세계가 그 시체들을 목도하였다. 이는 전 세계적인 구경거리였는데, 오늘날 TV나 비디오를 통해서 방영될 터이니 모두가 다 함께 볼 것이다. 세상을 통치하는 그 당시의 통치자와 사탄들은 이들의 죽음을 매우 기뻐하고 큰 승리로 여길 것이다. 왜 이런 일이 일어났느냐 하면, 특별히 이 두 선지자인 두 증인이 땅에 거하는 자들을 괴롭게 한 고로 땅에 거하는 자들이 저희의 죽음을 즐거워하고 기뻐하여 서로 예물을 보냈다.

(3) 두 증인의 부활(계 11:11-12)

그러나 삼 일 반 후에 하나님께로부터 생기가 저희 속에 들어가매 저희가 발로 일어서니 구경하는 자들이 크게 두려워하더라고 했다. 이때 하늘로부터 큰 음성이 있어 이리로 올라오라 함을 저희가 듣고 구름을 타고 하늘로 올라가니 저희 원수들도 구경하더라. 참으로 이 두 증인의 사명은 귀중하다. 두 증인을 통해서 말세에 교회가 감당해야 할 예언적인 증인의 사명 이야기 전체가 우리 예수님의 공생애 때에 걸어가셨던 사역의 걸음걸음을 생각나게 한다. 두 증인의 여정이 예수님의 '고난-죽음-부활-승천'과 똑같이 묘사됨을 알 수 있다.

이것은 곧 교회가 감당해야 할 사명이 복음을 전하는 것만이 아니라 주님께서 걸어가신 그 길을 따라가는 삶인 것을 말하는 것이다. 이렇게 살 때 예수님처럼 궁극적으로 승리의 자리에 이르게 될 것이다. 여기서 두 증인이 궁극적으로 이기는 모습(부활에서 승천까지)과 같이 말이다. 우리도 이렇게 될 것이다.

교회의 궁극적인 이김은 이 땅 위에서의 고난을 통해서이다. 아직도 사탄은 끊임없이 만국(세상 곳곳을)을 다스리며, 짐승의 권세로, 용과 전갈의 권세로, 42개월을 일하는 권세로, 거짓 선지자들과 음녀들의 권세로(계 13:5-15, 9:3) 불철주야 믿음의 성도들을 진노 아니면 황폐케 하니 적그리스도(단 9:27)로부터 받은 것을 참고 인내하면서 주님께로 돌아오라고 인도하는 일을 해오는 자들이 두 증인이다.

두 증인의 권세는 그리스도의 권세요(계 12:10), 곧 하나님의 권세다(계 16:9). 심판과 둘째 사망을 다스리는 것(계 20:4-6), 천국에 들어가는 권세(계 22:14)로 두 증인은 사탄과 끊임없이 싸우기 위해 싸워왔다. 그러기 위해서 두 증인은 굵은 베옷을 입고 철저히 회개하는 모습으로 살아오면서 종말시대에 죄를 회개하지 않는 것을 보고 이렇게 안타까워하며 회개할 것을 강요했다(단 9:3-6).

특히 두 증인의 사역 기간은 대환란, 즉 한 이레의 중간 부분(단 9:24)인 전 3년 반 동안 1,260일간으로, 성령과 진리로 말씀을 통해 지키고, 또 음녀에게 배교되는 교회를 회복시키고 예수 그리스도를 믿는 성도들을 주님 앞에 인도하는 사역이 두 증인의 사역이라고 줄곧 애써 왔다(단 11:3; 슥 4:14). 이 두 증인은 지금 종말시대에 사역자로 부르신 여종(여자 종)과 남종(남자 종)들의 사역이며(욜 2:29), 주님께서 특별히 성령으로 하시는 사역이다. 그렇기 때문에 두 증인의 사역자들은 성령과 진리의 말씀으로 권세 받은 이들을 누구든지 해하려 하고자 하면 두 증인의 입에서 성령의 불이 나와 그 원수들을 소멸할 것이라고 하셨다.

또 누구든지 해하면 반드시 죽으리라(계 11:5). 또 두 증인의 권세를 가지고 사역하는 동안 대환란의 전 3년 반 동안의 기간에 하늘 문을 닫아 비가 오지 못하게도 하고(약 5:17), 또 권세로 대환란 전 삼 년 반 동안의 어느 시점에 물이 변하여 피가 되게도 하리라(출 7:14-25). 아무 때든지 이 두 증인은 하나님의 권세로 여러 가지 재앙으로 땅을 칠 것이요, 엄청난 능력과 권세를 받은 그대로 실천할 것이다(계 11:6; 도표 Ⅲ-3 참고).

(4) 성(예루살렘)에 대한 하나님의 심판(계 11:13-14)

"그 시에 큰 지진이 나서 성 십분의 일이 무너지고 지진에 죽은 사람이 칠천이라 그 남은 자들이 두려워하여 영광을 하늘의 하나님께 돌리더라 둘째 화는 지나갔으나 보라 셋째 화가 속히 이르는도다" (계 11:13-14).

이와 동시에 예루살렘(성)엔 지진이 일어나서 그 성의 십분의 일이 붕괴되고 칠천 명이 죽었다. 하나님께 대하여 계속 반항과 반역을 하던 이전의 재앙과는 달리 그 남은 자들이 두려워하여 하늘의 하나님께 영광을 돌렸다. 이리하여 둘째 화가 끝났으나 일곱째 나팔 즉 마지막의 셋째 화가 남았다고 선포하셨다.

3) 땅에서 올라온 짐승(거짓 선지자)

"내가 보매 또 다른 짐승이 땅에서 올라오니 새끼 양같이 두 뿔이 있고 용처럼 말하더라 저가 먼저 나온 짐승의 모든 권세를 그 앞에서 행하고 땅과 땅에 거하는 자들로 처음 짐승에게 경배하게 하니 곧 죽게 되었던 상처가 나은 자니라 큰 이적을 행하되 심지어 사람들 앞에서 불이 하늘로부터 땅에 내려오게 하고 짐승 앞에서 받은 바 이적을 행함으로 땅에 거하는 자들을 미혹하며 땅에 거하는 자들에게 이르기를 칼에 상하였다가 살아난 짐승을 위하여 우상을 만들라 하더라 저가 권세를 받아 그 짐승의 우상에게 생기를 주어 그 짐승의 우상으로 말하게 하고 또 짐승의 우상에게 경배하지 아니하는 자는 몇이든지 다 죽이게 하더라"(계 13:11-15).

사도 요한이 보니 다른 짐승이 땅에서 나온다. 땅에서 나온 짐승은 거짓 선지자를 가리킨다. 땅은 육적인 거짓 선지자요, 타락을 상징한다(계 19:20, 13:11). 이 거짓 선지자는 두 뿔을 가진 자요, 용처럼 말하고 새끼 양같이 두 뿔이 있는 것을 사도 요한은 보았다. 이 거짓 선지자의 두 뿔은 세상과 교회에 배교시키는 일 즉 권세를 가진 두 뿔이며(중세 때에 교회와 세상을 절대적인 암흑의 세상으로 만든 것같이), 이 거짓 선지자는(마귀들은) 모든 일을 속여서 거짓되게 만드는 진실치 못한 자들이다. 속과 겉이 다른 것이다. 겉으로는 어린 양의 옷으로 가장하고 그 자신은 이리 노릇을 할 것이며, 적그리스도와 같이 배교하고 파멸시킨다. 거짓 선지자는 사람을 미혹하게 하고(마 24:5), 많은 사람이 내 이름으로 와서 내가 그리스도라고 하며(마 24:5), 많은 거짓 선지자가 일어나서 사람들을 미혹하게 할 것이고(마 24:11), 거짓 그리스도인과 거짓 선지자들이 택함 받은 성도들을 나쁜 곳으로 인도할 것이며(마 24:24), 악한 종들의 마음을 움직여서 다 나오라 하여 종들을 때리고 술친구들과 먹고 마시는 자들(마 24:49)로 전락시킬 것이다. 큰 표적과 거짓된 기사를 보여 할 수만 있으면 택하신 자들도 미혹하게 하리라.

"보라 내가 너희에게 미리 말하였노라"(마 24:25).

예수님은 이렇게 당부하셨다. 또 주님께서는 생각지 않은 날 알지 못하는 시간에 오신다.

둘째 짐승 거짓 선지자는 먼저 나온 첫째 짐승 적그리스도의 모든 권세를 앞세워서 땅과 땅에 거하는 자들을 첫째 짐승인 적그리스도의 우상 앞에 경배케 하며(계 13:2, 15), 적그리스도의 우상에게 경배하지 않는 자는 몇이 되든지 다 죽이게 한다는 사실이다(단 3:6; 계 13:15).

"내가 보매 또 다른 짐승이 땅에서 올라오니 새끼 양같이 두 뿔이 있고 용처럼 말하더라 저가 먼저 나온 짐승의 모든 권세를 그 앞에서 행하고 땅과 땅에 거하는 자들로 처음 짐승에게 경배하게 하니 곧 죽게 되었던 상처가 나은 자니라"(계 13:11-12).

"저가 권세를 받아 그 짐승의 우상에게 생기를 주어 그 짐승의 우상으로 말하게 하고 또 짐승의 우상에게 경배하지 아니하는 자는 몇이든지 다 죽이게 하더라"(계 13:15).

사도 요한이 본 둘째 짐승은 바다에서 나온 한 짐승과는 달리 또 다른 짐승이 세상에서 나온 것이다. 이 짐승은 거짓 선지자로서 첫째 짐승인 적그리스도를 도와서(앞에서) 숭배할 것을 예표하고 있다. 땅에서 나온 짐승인 이 거짓 선지자들은 광명의 천사로 위장하고 기만하며 사람들에게 아주 순진하고 해를 끼치지 않는 인상을 풍기면서 예수 그리스도의 어린 양을 모방하면서 성도들을 세속화하는 데 앞장설 것을 암시한다. 원래 거짓 선지자는 양의 옷을 입고 성도들을 기만하거나 노략질할 것이라고 주님께서 말씀하셨다(마 7:15). 또 땅에서 올라올 거짓 선지자는 용으로부터 권세를 받아 많은 성도를 미혹하고 있다.

지금이라도 거짓 선지자의 악한 교리를 깨닫고 미혹하는 자의 말을 분별하고 참된 선지자가 전하는 올바른 종말의 복음을 기쁨으로 받으며, 주 되신 주님을 제대로 전하는 참된 선지자의 말에 귀를 기울여야 할 것이다(마 24:46). 마지막 때가 가까울수록 거짓 선지자의 역할은 더욱더 심해지므로(마 24:48) 슬기로운 다섯 처녀같이 항상 깨어 주님을 사모하며, 오직 재림 예수 신앙을 가지고 사랑의 수고와 소망의 인내(살전 1:3)로 넘치는 신앙인이 되어야 할 것이다(도표 Ⅲ-3).

4) 짐승표 666(계 13장)

"저가 모든 자 곧 작은 자나 큰 자나 부자나 빈궁한 자나 자유한 자나 종들로 그 오른손에나 이마에 표를 받게 하고 누구든지 이 표를 가진 자 외에는 매매를 못하게 하니 이 표는 곧 짐승의 이름이나 그 이름의 수라 지혜가 여기 있으니 총명 있는 자는 그 짐승의 수를 세어 보라 그 수는 사람의 수니 육백육십육이니라"(계 13:16-18).

그러므로 짐승의 수 666을 받게 한 자 적그리스도는 작은 자나 큰 자나 부자나 궁핍한 자나 자유한 자나 종들로 오른손이나 이마에 표를 받게 하고, 누구든지 이 표를 받은 자들은 모든 것을 매매하게 하고, 모든 혜택을 받으며, 적그리스도에게 경배할 자들이다. 그러나 이 짐승표를 받지 않은 자들은 모든 것을 매매할 수도 없고, 자기 자신의 소유도 가질 수 없으며, 어떤 혜택도 받을 수 없을 뿐만 아니라 적그리스도에게 경배하지 아니하므로 큰 고통이 따를 것이다. 그러나 짐승표를 받지 않은 자는 천 년 동안 왕 노릇 하며(계 20:4), 짐승표를 받은 자들은 독한 헌데가 나타나며 영원한 불못에 던져지게 된다(계 21:8, 16:2).

애굽에 내려갔던 이스라엘이 바로 왕을 경배하지 않으므로 430년 동안 종 노릇 했으며, 느부갓네살 왕의 금신상에게 절하지 않은 자는 풀무 불에 던져지고(단 3:13-23), 바사 제국의 다리오 왕에게 경배하지 않은 다니엘은 사자 굴에 던져지는 일이 있었다(단 6:1-28).

그러나 현재에는 어떤 일이 일어나고 있는지 알아보면 상당히 경악스러운 일들이 있음을 알 수 있다. 지금의 문제는 누가 뭐라 해도 경제적 문제이다. 오늘날 이 경제의 문제를 '한 국가나 한 지역이나 전 세계가' 해결할 수는 없는 일이다. 구약에서는 느부갓네살 왕이 권세가 크므로 느부갓네살 왕을 경배하는 자들은 누구나 그 권세 아래서(단 4:1-37) 살게 하였다. 지금도 경제 아래 모든 사람들이 살고 있으나 문제는 이 경제를 통제(통치)할 수 없는 때(지점, 경지)까지 이르게 되었다는 것이다. 현재 몰게지 파동, 금융 신용 문제를 해결하지 못하고 이 일을 해결하기 위해 세계공동협의회 WTO, IMF 등이 생겨나 이 경제를 통제하려고 하나 그렇게 되지 않고 있다. 그래서 지금 등장하고 있는 베리칩으로(포지티브 ID로) 금융 신용 내용을 개인정보 및 경제정보를 보존하고 경제를 통제할 수 있는 길이 열린 것이다. 그러면 베리칩이 무엇인가?

베리칩(verichip)은 1968년에 칼 샌더스(Karls Sander's) 와 그외 학자들이 만들어냈고, 2004년에 식약청(FDA)의 공식 허가를 받았다. 베리칩의 종류는 동물의 추적과 관리용, 의료용(각종 의료용으로 사용함), 그리고 모든 정보 추적용의 세 종류로 되어 있다. 그 후 Digital Angel 회사가 베리칩을 Positive ID로 이름을 변경하였다.

이 Positive ID의 구성을 보면 다음과 같다.

① Positive ID의 구성은 총체적 개인정보, 신분증, 국세청(미국 IRS), 병원 기록 등으로 사용한다.

② 위치추적장치가 GPS와 연결되어 모든 정보를 추적 감시할 수 있으며, 배터리는 사람의 체온 37℃에서 영구적으로 작동할 수

있는 것으로 되어 있다.

③ 칩에 유전자(DNA)를 입력시킨다. 우리 몸의 DNA는 30억 개가 있고 이 30억 개를 조종하는 128개의 DNA가 있는데 이 128개의 DNA가 30억 개의 DNA를 조정할 수 있게 되어 있다. 그러므로 칩에 128 DNA가 사람의 마음, 감정 모든 것을 조정할 수 있다는 사실이다.

현재 베리칩(Positive ID)의 현황을 보면 2005년부터 2009년 사이에 사용하고 있으며, 2004년 FDA에서 베리칩을 사용해도 된다는 승인을 받았다. 또 미국 건강보험 최종 허가가 2010년 3월 30일에 통과되었으며, 베리칩을 사용하는 실행 법안이 통과된다면 전면적으로 베리칩을 사용할 수 있게 될 것이다. 더욱이 이 베리칩은 인체의 이마나 오른손에 이식할 때 그 칩이 잘 작동한다는 것이다. 요한계시록 13장 16절 말씀에 "저가 모든 자 곧 작은 자나 큰 자나 부자나 빈궁한 자나 자유한 자나 종들로 그 오른손에나 이마에 표를 받게 하고"라고 했다.

이 얼마나 베리칩이 짐승표 666과 유사한가. 바로 이것이 앞으로 다가오는 그 짐승의 수 짐승표가(계13:17) 될 것이 확실하게 나타나고 있다. 왜냐하면 세계 정세는 '한 국가가' 통제할 수 없는 일들이 나타나고 있으므로 세계연합기구 WTO, IMF 등이 나오고 있으며, 앞으로 경제 정치 등 많은 일이 통제 불능으로 다가오면 세계 단일정부가 온 세계 71억 인구를 통치할 때가 도래할 것이다. 그러면 현재 Positive ID가 전 세계 71억 인구를 용이하게 사용해서 통치할 수 있는 현실이다. 이때 한 통치자가 Positive ID에 있는 DNA를 조작하여 조종하게 된다면 71억 인구를 완전 통제할 것이다.

이 표를 받은 자는 통치자 적그리스도에게 경배를 해야 하고, 매매는 할 수 있으나(계 13:13-17) 후에는 세세 무궁토록 불과 유황으로 고난을 받고 밤낮으로 쉼을 얻지 못할 것이다(계 14:9-11, 16:2). 그러나 목 베임을 받은 자의 영혼과 또 짐승과 그 우상에게 경배하지도 아니하고 이마나 손에 그 표를 받지 아니한 자들은 살아서 그리스도와 더불어 천 년 동안 왕 노릇 할 것이다(계 20:4). 그러므로 우리 앞에 있는 Positive ID Chip을 이마나 손에 받는 것은 매우 위험한 일이다. 이 Positive ID가 짐승표가 아니더라도 분명한 것은 DNA로 인간을 조종한다면 매우 위험한 일이다.

설령 베리칩이 666표가 아닐지라도 이마나 오른손에 이식해서는 안 될 것이다. 만일 짐승표 666을 맞으면, 첫째 대접 재앙이 쏟아질 때 악하고 독한 헌데가 나타나는 질병으로 처참해질 것이고(계 16:1-2), 둘째로 베리칩을 받은 후유증이 대단한 고통으로 뒤따를 것이다(도표 Ⅲ-3).

5) 음녀와 음녀의 교회(계 17장)

"또 일곱 대접을 가진 일곱 천사 중 하나가 와서 내게 말하여 가로되 이리 오라 많은 물 위에 앉은 큰 음녀의 받을 심판을 네게 보이리라 땅의 임금들도 그로 더불어 음행하였고 땅에 거하는 자들도 그 음행의 포도주에 취하였다 하고 곧 성령으로 나를 데리고 광야로 가니라 내가 보니 여자가 붉은빛 짐승을 탔는데 그 짐승의 몸에 참람된 이름들이 가득하고 일곱 머리와 열 뿔이 있으며 그 여자는 자줏빛과 붉은빛 옷을 입고 금과 보석과 진주로 꾸미고 손에 금잔을 가졌는데 가증한 물건과 그의 음행의 더러운 것들이 가득하더라 그 이마에 이름이 기록되었으니 비밀이라, 큰 바벨론이라, 땅의 음녀들과 가증한 것들의 어미라 하였더라 또 내가 보매 이 여자가 성도들의 피와 예수의 증인들의 피에 취한지라 내가 그 여자를 보고 기이히 여기고 크게 기이히 여기니"(계 17:1-6).

(1) 음녀의 모습(계 17:1-2)

일곱 대접을 가진 일곱 천사 중 하나가 요한으로 하여금 큰 음녀가 받을 심판을 보여주고 있다. 물 위에 앉아 있는 실체는 무엇인가? 물은 사상의 상징이요, 많은 물은 여러 사상이 놓인 종교다원주의와 혼합주의를 상징한다(계 17:15). 현재 등장하는 WCC는 모든 종교 유교, 불교, 천주교, 기독교가 하나 되고자 하며 그 단체는 커져만 가고 있다. 음녀라는 것은 순결한 믿음의 정조를 버리고 진리를 배교하는 교회를 이루는 모습을 보여준다. 그러므로 큰 음녀는 종말의 징조 중에서도 최대의 징조이다. 그러면 종말의 징조로 어떤 징조들이 일어나고 있는지 살펴보면,

① 1948년 5월 14일 이스라엘의 독립(마 24:32-37) ② 유브라데 중동전쟁(계 9:13-21) ③ 음녀 종교다원주의 등장(계 17:1-18) ④ 바다에서 나온 한 짐승 적그리스도(계 13:1-8) ⑤ 666 짐승표(계 13:16-18) 현재 나타나고 있는 베리칩 ⑥ 진리의 말씀을 지식으로 많이 더할 것(단 12:4; 계 22:18-19) ⑦ 땅 끝까지 복음을 전파할 것(마 24:14). 위의 모든 것이 마지막 종말에 일어날 일이다.

지금 이 시대에 벌써 이스라엘이 독립하고, 많은 지식으로 성경을 더하고 빼고 알기 쉽게 성경을 조작하고 있다. 그리고 많은 교회들이 세상적인 풍습을 좇고, 세상 물결(세상적인 문화)이 교회에 깊숙이 들어와 자리 잡고 있으며, 비진리로 교회가 배교되고, 모든 종교가 하나 되자고 하는 종교다원주의 WCC가 교회 안으로 깊숙이 들어와 있는 실정이다.

이제 마지막 종말이 다가오고 있으므로 슬기로운 다섯 처녀와 같이 항상 깨어 있는 신앙을 깊이 간직하고 실천할 때이다. 그리고 이 큰 음녀, 종교와 정치 세상 문화가(땅에 있음) 하나 되고 있다(음행한다). 땅에 거하는 자들이 종교다원주의를 따르는, 배교하는 교회들이(음행의 포도주) 우리 주위 곳곳에서 심각하게 일어나고 있다. 종교다원주의나 비진리로 배교하는 자들은 영적 음행자들이다. 오직 예수님 외에는 구원이 없다(요 14:6). 그러므로 그리스도와 세상 비진리는 절대로 조화를 이룰 수 없다(고후 6:15). 따라서 다른 복음(비진리)을 전하면 저주를 받을 것이다(갈 1:8). 누구든지 예수님을 믿지 않으면 집에 들이지도 말고 인사도 하지 말라는 경고이다(요이 1:10-11).

"그리스도와 벨리알이 어찌 조화되며 믿는 자와 믿지 않는 자가 어찌 상관하며"(고후 6:15).

"누구든지 이 교훈을 가지지 않고 너희에게 나아가거든 그를 집에 들이지도 말고 인사도 말라 그에게 인사하는 자는 그 악한 일에 참예하는 자임이니라"(요이 1:10-11).

"그러나 우리나 혹 하늘로부터 온 천사라도 우리가 너희에게 전한 복음 외에 다른 복음을 전하면 저주를 받을지어다"(갈 1:8).

신령한 교회를 예표하는 해 입은 여자와 반대되는 음녀는 하나님의 말씀을 왜곡시키며, 세상과 벗을 삼고 비진리로 배도하여 타락한 교회를 예표하는 것이다. 이는 지금 이 시대에 나타나고 있는 모든 종교에 구원이 있다는 종교다원주의 사상이다(계 17:1-7). 이 사상이 음녀의 모습이다. 땅의 음녀들은 타락의 극치를 이루고 있으며, 특히 이 마지막 때 배교하고 타락한 교회들은 종교다원주의로서 큰 음녀의 가장 대표적인 모습이다. 큰 단체들로는 종교다원주의, 혼합주의, 모든 종교가 통합하고 화합하는 단체들이 많이 일어나면서 "우리는 평화다, 사랑이다, 하나다, 공존이다"라고 부르짖으면서 새로운 시대(new-age movement)로 치닫고 있다.

율법은 간음한 여인을 돌로 쳐 죽인다(레 20:10). 음녀는 바로 간음한 여자이기 때문에 결국 돌로 망한다(계 18:21). 음녀는 붉은빛 짐승을 탔는데 그 짐승은 중상모략, 조롱, 악담, 모욕, 시기, 질투 등 온갖 교묘하고 가증한 방법으로 하나님을 훼방하고 대적한다(계 17:3, 13:1). 음녀는 적그리스도와 하나가 되고 권세를 받아 또 배교한 교회들로 적그리스도와 하나가 되게 한다. 그러나 적그리스도는 음녀를 이용한 후 나중에 완전히 멸망시킨다(계 17:15-18).

그러나 이 음녀는 하나님의 심판에 의해 맷돌 같은 돌을 바다에 던져 침몰시켜 다시 떠오르지 못할 만큼 철저히 멸망할 것이다(계 18:21). 종교통합주의운동, 비진리 거짓평화주의운동 등 종교는 다 구원이 있다 하면서 신이 죽었다고 하는 타락한 음녀들은 회복될 수 없을 만큼 철저히 멸망을 받을 것이다.

음녀의 최후의 모습은 예수 그리스도가 아니라도 구원이 있다는 것이다. 마지막 때로 가면 갈수록 음녀의 배교사상, 종교다원주의와 혼합주의로 모든 종교가 통합된 교회가 되어 갈 것이다. 그때 성도들은 어떻게 해야 믿음을 지킬 수 있을까? 우리 주님은 죄로 죽을 수밖에 없는 우리를 사랑하시고 단 하나밖에 없는 자신의 목숨까지도 버리신 분이다. 주님이 우리를 죽음에서 생명으로 건져 주시고, 친구가 되어 주신 것을 잊고 세상과 벗이 된다면 우리는 하나님과 원수가 된다(약 4:4). 그러므로 항상 깨어 슬기로운 다섯 처녀같이 기회를 놓치지 말고 마귀를 대적하고 하나님의 말씀에 순복해야 한다(약 4:7).

세상을 적당히 취하는 자는 신앙인이 아니다. 예수님 마음으로 예수님께 꼭 붙어 사는 자로 살아야 한다(요 15:5). 마지막 때엔 모든 것이 복잡하기 때문에 진리와 비진리를 분별하는 신앙을 가져야 한다. 그러기 위해서는 항상 어린아이와 같은 신앙에서 벗어나 성숙한 신앙을 간직해야 한다. 인내와 연단으로 꾸준히 세상을 등지는 신앙, 선악을 분별하는 신앙을 가져야 한다(히 5:13-14).

(2) 음녀가 탄 짐승(계 17:3-4)

성령께서 요한을 광야(고난의 장소)로 데려간다(마 4:1). 음녀는 광야에서 사치스럽고 호화스러운(붉은빛) 세상 문화에 사치를 띠고 나타난다. 다시 말해, 거짓 평화로 가장한 적그리스도의 모습이다. 그는 세상 왕 중에 마지막 왕이 될 것이다. 그는 중상모략, 모독, 조롱, 착취함으로 하나님을 대적할 것이다. 그 머리는 일곱 국가, 즉 애굽, 바벨론, 앗수르, 메대-바사, 헬라, 로마, EU 등의 적그리스도 국가와 하나가 되어 그곳에 유럽 EU가 총수로 이방인의 마지막 왕으로 다가오고 있다. 마지막 왕은 적그리스도 국가의 권세와 배교 교회가 하나가 된다.

이 음녀의 복장에서 자줏빛은 왕을 상징하고, 붉은빛은 위엄을 나타낸다. 음녀는 위장하고 어두움에서 아무나 하고 간음을 한다. 다시 말해서, 음녀는 모든 종교를 받아들이고 섬긴다. 그리고 모든 사람 즉 성도들을 유혹하고 그로 인해서 영적인 병을 전염시키고 영원히 멸망하게 만든다. 또 음녀의 이마에는 많은 이름들이 기록되었다["불법의 비밀이 이미 활동하였으나…"(살후 2:7)]. 모든 국교와 혼합주의가 하나가 되어 적그리스도로 종교가 된다. 음녀는 큰 바벨론과 같이 크고도 거대한 세력을 가질 것이다. ① 성도들의 피와 ② 예수 증인들의 피와 ③ 순교자들의 피에 취해 있는 이 음녀는 우리가 상상할 수 없을 만큼 인정사정이 없을 것이다(도표 Ⅲ-5).

〈도표 Ⅲ-5〉

(3) 음녀와 용의 모습

사도 요한은 하늘에서 또 다른 이적을 보게 된다. 한 큰 붉은 용이 있고 머리는 일곱이요 뿔이 열이라. 일곱 머리에 일곱 면류관이 있더라(계 12:3). 여기에서 용은 뱀의 머리요, 뱀은 사탄으로 묘사되고 있다(창 3:1). 신약에 와서는 독사(마 3:7, 23:33)로 묘사되고, 종말 때에는 큰 용으로 출현하고 있다. 큰 용은 바로 권세를 가진 적그리스도를 말하며, 붉은색은 피와 교회를 핍박하려는 것이다. 일곱 머리는 일곱 열강으로 ① 애굽 ② 바벨론 ③ 앗수르 ④ 메대-바사 ⑤ 헬라 ⑥ 로마 ⑦ 마지막 이방인의 왕의 국가들이며, 큰 붉은 용은 큰 권세를 가진 적그리스도 즉 사탄의 머리가 일곱이라는 것은 일곱 지도자를 말한다(계 13:1, 도표 Ⅲ-5).

열 뿔의 뿔은 권세를 상징하며 열은 만수이다. 열 뿔은 강력한 권세를 가진 적그리스도로, 대환란 때 적그리스도가 강력한 힘으로 자기에게 숭배할 것을 강요할 것이다. 또 일곱 면류관은 만수의 개념으로 세상 영광을 착취할 것을 의미하며, 예수님의 면류관을 먼저 모방(계 12:2-3)하는 적그리스도일 것이다. 그리고 그 꼬리가 하늘의 별 1/3을 끌어다가 땅에 던진다. 그 꼬리는 곧 거짓말을 가르치는 거짓 선지자라고 했으며(사 9:15), 별은 주의 종이요 적그리스도 사탄은 주의 종을 미혹시키고 타락하게 할 것을 말하고 있다(단 8:10). 이 용은 옛 뱀이요 사탄이다. 용(적그리스도는 거짓 선지자와 함께 성도들을 후 삼 년 반에 극심하게 핍박할 것이다)이 참 교회가 배출하는 참 종들을 타락시킬 것을 보여주고 있다(계 12:4).

여자가 아이를 낳으리니 이는 참 교회가 고통을 거쳐서 참 종들을 배출할 것이며, 배출된 참 종들은 대환란 때 일하는 종들이다. 이 종들은 철장으로 만국을 다스리는 것이다(계 2:27; 시 2:9). 종말에 해 입은 여자가 낳은 참 종들은 그리스도로 옷 입은 신앙인으로 내가 성전이 된 자이다(고전 3:16). 두루마기를 빠는 자(계 22:14)들은 주님이 구름 위에 오실 때(계 19:11-16) 이리로 올라오라 할 때 구름을 타고 올라갈 것이다(계 11:12; 살전 4:17).

6) 해 입은 여자와 참 교회 - 예비처(계 12장, 예비처 신앙을 갖자 - 하나님이 예비하신 곳)

"하늘에 큰 이적이 보이니 해를 입은 한 여자가 있는데 그 발 아래는 달이 있고 그 머리에는 열두 별의 면류관을 썼더라 이 여자가 아이를 배어 해산하게 되매 아파서 애써 부르짖더라 하늘에 또 다른 이적이 보이니 보라 한 큰 붉은 용이 있어 머리가 일곱이요 뿔이 열이라 그 여러 머리에 일곱 면류관이 있는데 그 꼬리가 하늘 별 삼분의 일을 끌어다가 땅에 던지더라 용이 해산하려는 여자 앞에서 그가 해산하면 그 아이를 삼키고자 하더니 여자가 아들을 낳으니 이는 장차 철장으로 만국을 다스릴 남자라 그 아이를 하나님 앞과 그 보좌 앞으로 올려가더라"(계 12:1-5).

요한계시록도 예언서에서와 같이 여자는 교회를 상징한다. 성경에서 하와, 사라, 리브가, 라헬, 에스더, 술람미, 룻 등은 교회를 상징하며, 해 입은 여자는 앞으로 오실 재림 예수님을 기다리는 마음으로 무장하고 성령 충만으로 다가올 영적 전쟁을 강한 믿음으로 준비해야 된다는 것이다. 그러나 어떤 교회는 비천하게 보이고, 어떤 교회는 분쟁과 다툼으로 패배하는 것같이 보이나 이 세상의 교회(visible church)는 사탄의 발 아래 짓밟히게 하나 결국 이 해 입은 여자 참 교회는 요한계시록에 나타난 예언서의 말씀대로 소망과 희망을 가지고 반드시 승리하게 된다. 다시 말해서, 발 아래에 달이 있다는 말씀은 해 입은 여자 즉 참 교회가 이 세상을 이긴다는 말씀이다. 또 그 머리에는 열두 별의 면류관을 썼다고 하는 해 입은 여자의 상징적인 의미는 열두 사도와 같은 면류관을 쓴 참 종을 가진 교회를 말한다(계 1:20; 단 12:3; 계 1:5).

해 입은 여자가 아이를 배어 해산을 할 때 아파서 부르짖더라(계 12:2). 여자가 해산할 때의 고통은 이루 말할 수 없다. 아담과 하와가 처음으로 하나님 말씀에 불순종한 죄로 말미암아 해산의 고통을 주셨다(창 3:16). 해산의 고통은 여자에게 최고의 고통이다. 해산의 고통의 상징적 의미는 참 교회가 마지막 때 참 종을 배출하려는 노력으로 최선을 다하고 있다는 것이다. 또한 이는 수많은 고통을 의미한다. 왜냐하면 마지막 때 거짓 선지자와 적그리스도와 사탄의 미혹과 극렬한 핍박 속에서도 끝까지 승리할 참 종들을 배출하기 위해서는 연단된 신앙으로 예수 그리스도께 붙어 있는 자이어야 하기 때문이다(요 15:1-17; 고전 3:16; 계 12:1).

해 입은 여자가 큰 독수리의 두 날개를 받아(계 12:14) 광야 자기 곳으로 날아가는 사건은 마지막 때 일곱 영(계 5:6)을 받아 신령한 교회들이 보호받는 것으로, 신령한 교회를 하나님께서 성령의 강한 역사를 통하여 인도-보호하시는 것이다.

해 입은 여자의 복장은 해를 입고(계 19:8), 달을 딛고, 머리에는 열두 별의 면류관을 쓰고 있는데, 모두가 예수 그리스도의 신령한 은혜와 형상이다. 해 입은 여자는 진리로 무장한 종말의 신령한 교회를, 세마포는 성도들의 옳은 행실이며, 주님 재림을 사모하며 세상과 타협하지 않고 올바른 삶을 사는 참 교회 모습이다(마 22:11-14). 이는 참 교회가 종말에 추수의 사명을 감당할 두 증인과 같은 종을 배출하는 것을 의미한다(계 12:5). 예수님이 재림하실 때 해같이 변화하신 모습(마 17:2; 계 10:1)처럼 예수 그리스도의 능력을 입고 예수 재림의 소망을 가질 교회를 말한다. 달은 해의 빛을 받아 어둠 속에서도 비치는 것같이 예수의 빛을 받아 죄악 세상을 비추며 하나님의 의를 힘입고 육신의 소욕을 이기는 종말의 신령한 교회가 승리함을 예표한다(계 12:1).

머리에는 열두 별의 면류관을 썼는데(계 12:1), 별은 주의 종이요 핍박에서도 승리하고 순교한 초대교회의 열두 사도처럼 종말에는 열두 사도의 사역권을 이어받을 수 있게 하며, 주님의 교회를 이끌어 갈 것을 예표한다. 이는 해 입은 여자의 고통(종말 교회의 환난)이 된다. 종말 교회는 해산의 고통(계 12:2)으로 신령한 교회가 추수할 종을 낳기 위해서 고난과 고통에 동참하는 모습을 예표하고 있다.

해 입은 여자가 일곱 머리 열 뿔 가진 용 적그리스도로부터 받는 고통은 상상할 수 없다. 용 꼬리의 힘으로써 하늘의 별 1/3을 끌어다가 땅에 던지더라(계 12:4)고 하였다. 여기서 별은 교회의 사자다(지금의 목사, 계 1:20 참 종들이다). 주님의 재림이 임박할 때 다원주의의 음녀 교회들은 멸망이 눈앞에 다가오므로 최후의 발악을 할 것이다. 이런 때일수록 우리 모두 경성(깨어 있어)하고 기도해야 한다. 일곱 머리 열 뿔을 가진 적그리스도는 대환란 동안에 세계를 다스릴 권세로 해 입은 여자의 교회(참된 교회)를 크게 핍박할 것이다. 세상은 자꾸만 깨어져 갈 것이다. 그러나 그래도 괜찮다. 이런 때일수록 바른 종, 한 사람이라도 좋으니 올바른 종을 기다리시고, 기대하시고, 또 그 참된 종, 올바른 종을 만나기를 원하신다.

종교다원주의(예수님이 아니고도 구원이 있다고 하는 자들을 말한다), 혼합주의, 비진리, 홍수 같은 거짓말로 성도들을 미혹할 것이며(계

12:12 하, 13, 15, 17), 적그리스도와 거짓 선지자들을 통해서 666표, 혹은 베리칩(verichip)을 받게 하는 고통이 상상을 초월할 것이다(계 12:7-9, 13:4-6, 14:9-11, 16:2, 17:12, 19:19-20). 이 짐승표가 없으면 우리는 일상생활을 할 수 없고, 아파도 병원에 갈 수 없으며, 물건도 살 수 없고, 그 어떠한 것도 가질 수 없다. 그렇기에 엄청난 일들이 벌어질 것이다(계 13:16-17). 이와 같이 적그리스도와 거짓 선지자들은 종교다원주의, 혼합주의, 비진리, 거짓말로 혼탁한 홍수같이 택한 주의 성도들을 미혹하는 것이 그들의 공격 방법이다. 그러나 하나님의 보호하심은 언제나 우리에게 수정같이 맑게 흐르는 생명수의 강으로 우리를 양육하신다.

그러므로 멸망의 가증한 것인 적그리스도가 나타나면 광야로 도망가라는 것이다(마 24:15; 계 12:6). 하나님은 한 번도 우리를 버리신 적이 없으시다. 이스라엘을 출애굽시킬 때에도 낮에는 구름기둥으로, 밤에는 불기둥으로 인도하신 하나님은 백성들 앞에서 떠나지 아니하셨다(출 13:22). 하나님은 이스라엘 백성을 애굽에서 빼내어 광야로 가게 하시고 낮에는 구름기둥으로, 밤에는 불기둥으로 인도하셔서(출 13:22) 그들로 하여금 축복의 땅 가나안으로 들어가게 하셨다. 그러므로 오늘도 세상과 타협하지 않고 하나님 말씀대로 살려면 광야 같은 고통과 모든 고난을 인내의 믿음으로 승리해야 한다. 가증한 자가 거룩한 곳에 선 적그리스도를 보면 곧장 광야교회로 도망하라는 것이다. 그곳만이 구원받는 방주가 된다.

하나님께서 해 입은 여자(종말 교회)의 예비처에서 어떻게 보호하시는지 궁금하지 않은가?

홍수 심판 때 노아의 방주가 없었으면 구원받은 자가 한 사람도 없었고(창 7:1), 소돔과 고모라의 심판 때 소알 성이 없었으면 롯의 가족이 구원받을 수가 없었다(창 19:22). 이것이 하나님께서 준비하신 예비처이다. 마지막 때 적그리스도의 후 삼 년 반 동안의 핍박은 상상할 수 없을 정도이다.

"그 날들을 감하지 아니할 것이면 모든 육체가 구원을 얻지 못할 것이나 그러나 택하신 자들을 위하여 그 날들을 감하시리라"(마 24:22).

"그 여자가 광야로 도망하매 거기서 일천이백육십 일 동안 저를 양육하기 위하여 하나님의 예비하신 곳이 있더라"(계 12:6).

"그 여자가 큰 독수리의 두 날개를 받아 광야 자기 곳으로 날아가 거기서 그 뱀의 낯을 피하여 한 때와 두 때와 반 때를 양육 받으매"(계

12:14).

구원받은 성도를 예수 그리스도의 신부로 훈련시키고 양육시키는 곳이 예비처이다. 하나님은 우리의 피난처이시며(시 46:1), 예수님은 우리의 유일한 예비처이시다. 다시 말해서, 대환란을 피할 수 있는 곳은 참된 교회이다(도표 Ⅲ-3).

7) 종교다원주의(계 12:15-17)

"용이 자기가 땅으로 내어쫓긴 것을 보고 남자를 낳은 여자를 핍박하는지라 그 여자가 큰 독수리의 두 날개를 받아 광야 자기 곳으로 날아가 거기서 그 뱀의 낯을 피하여 한 때와 두 때와 반 때를 양육받으매 여자의 뒤에서 뱀이 그 입으로 물을 강같이 토하여 여자를 물에 떠내려가게 하려 하되 땅이 여자를 도와 그 입을 벌려 용의 입에서 토한 강물을 삼키니 용이 여자에게 분노하여 돌아가서 그 여자의 남은 자손 곧 하나님의 계명을 지키며 예수의 증거를 가진 자들로 더불어 싸우려고 바다 모래 위에 섰더라"(계 12:13-17).

뱀의 낯을 피하는 것은 대환란에서 핍박을 피하여 한 때와 두 때와 반 때를 즉 후 삼 년 반의 대환란 동안에(단 9:27) 양육(보호)을 받는 예비처이다. 이곳은 광야 교회(종말 교회, 특히 참 교회)같이 전적인 하나님의 권능 안에서만 살 수 있는 곳이다. 그러나 뱀이 입으로 물을 강같이 쏟았다는 것은 뱀의 입에서 나오는 비진리, 즉 종교다원주의가 세상에 범람한다는 것이다. 보호 장소는 어느 지정된 장소가 아니다. 이곳도 저곳도 아니고 산골짜기나 인적이 드문 곳도 아니다. 구약에서 이스라엘 백성이 출애굽하여 갔던 광야 사막 같은 곳, 즉 신앙의 연단 속에서 참 신앙을 지키는 곳인 참 교회만이 하나님의 예비처가 되는 것이다. 그곳은 전적으로 하나님의 보호만을 받는 곳이다.

8) 영원한 복음(계 14장)

"또 보니 다른 천사가 공중에 날아가는데 땅에 거하는 자들 곧 여러 나라와 족속과 방언과 백성에게 전할 영원한 복음을 가졌더라 그가 큰 음성으로 가로되 하나님을 두려워하며 그에게 영광을 돌리라 이는 그의 심판하실 시간이 이르렀음이니 하늘과 땅과 바다와 물들의 근원을 만드신 이를 경배하라 하더라 또 다른 천사 곧 둘째가 그 뒤를 따라 말하되 무너졌도다 무너졌도다 큰 성 바벨론이여 모든 나라를 그 음행으로 인하여 진노의 포도주로 먹이던 자로다 하더라 또 다른 천사 곧 셋째가 그 뒤를 따라 큰 음성으로 가로되 만일 누구든지 짐승과 그의 우상에게 경배하고 이마에나 손에 표를 받으면 그도 하나님의 진노의 포도주를 마시리니 그 진노의 잔에 섞인 것이 없이 부은 포도주라 거룩한 천사들 앞과 어린 양 앞에서 불과 유황으로 고난을 받으리니 그 고난의 연기가 세세토록 올라가리로다 짐승과 그의 우상에게 경배하고 그 이름의 표를 받는 자는 누구든지 밤낮 쉼을 얻지 못하리라 하더라"(계 14:6-11).

사도 요한이 보니 또 다른 천사가 영원한 복음을 가지고 나아가며 땅에 거하는 여러 나라와 여러 족속과 언어가 다른 여러 백성들에게 전하는 복음이다. ① 요한계시록의 예언의 말씀을(계 1:3) ② 인봉한 책(계 5:1) ③ 예수 그리스도의 계시(계 1:1) ④ 신분을 초월하여 전해 온 하나님의 말씀을(계 14:6) ⑤ 특히 666을 받으면 안 된다는 복음을 전하라 하심.

그 천사가 큰 음성으로 말하는데, 하나님을 두려워하며 그에게 영광을 돌리라고 하였다. 이는 세상을 심판하실 시간이 이르렀으니 주님의 재림(Parousia=Second Coming)이 가까이 왔다는 것이다. '파루시아'(Parousia)는 '방문객이 갑작스럽게 찾아왔다'는 헬라어이다. 그러므로 예수님께서 갑자기 오신다는 의미이다. 그러니까 전 세계 71억 인구에게 때를 따라 나눠 줄 양식이 영원한 복음 요한계시록이다. 이는 하나님을 두려워하며 경배와 영광을 올려 드리라는 말이다(계 19:10, 14:7).

또 다른 천사가 뒤를 이어 큰 성 바벨론 즉 음녀가 무너졌다고 외친다. 그 음녀는(큰 성 바벨론) 비진리로 부와 사치와 허영과 욕심과 거만과 매력적인 유혹으로 멸망할 것이다. 그러므로 모든 나라들이 그 음행의 진노의 포도주로 인하여 무너졌도다. 땅의 왕들이 음녀와 더불어 음행하며 취하였도다. 순수한 포도주의 진노를 마신 자들은 거룩한 천사들과 어린 양 앞에서 불과 유황불로 영원히 고난을 받으리라(계 20:1-3, 21:8, 14:10).

또 다른 천사가 큰 음성으로 외친다. 그 짐승 적그리스도에게 경배하고 이마나 손에 짐승표를 받은 자(계 13:16-17)는 누구든지 밤낮 쉼을 얻지 못하리라 하니라(계 14:11).

짐승표 666은 사람이 만든 표요, 하나님과는 아무 상관이 없을 뿐더러 그곳에는 생명도 없고, 영원히 살게 될 우리의 영생(eternal life)과는 아무 상관이 없다.

4. 하늘 보좌의 광경(계 4장)

"이 일 후에 내가 보니 하늘에 열린 문이 있는데 내가 들은 바 처음에 내게 말하던 나팔 소리 같은 그 음성이 가로되 이리로 올라오라 이후에 마땅히 될 일을 내가 네게 보이리라 하시더라 내가 곧 성령에 감동하였더니 보라 하늘에 보좌를 베풀었고 그 보좌 위에 앉으신 이가 있는데 앉으신 이의 모양이 벽옥과 홍보석 같고 또 무지개가 있어 보좌에 둘렸는데 그 모양이 녹보석 같더라 또 보좌에 둘려 이십사 보좌들이 있고 그 보좌들 위에 이십사 장로들이 흰옷을 입고 머리에 금면류관을 쓰고 앉았더라 보좌로부터 번개와 음성과 뇌성이 나고 보좌 앞에 일곱 등불 켠 것이 있으니 이는 하나님의 일곱 영이라 보좌 앞에 수정과 같은 유리 바다가 있고 보좌 가운데와 보좌 주위에 네 생물이 있는데 앞뒤에 눈이 가득하더라"(계 4:1-6).

사도 요한은 라오디게아 교회 이후 하늘이 열리는 하나님의 이상을 보았다(계 4:1; 행 7:56). "나팔 소리 같은 음성이 가로되 이리로 올라오라 이후에 마땅히 될 일을 내가 네게 보이리라" 하셨다. 이 음성을 들은 것은 요한이 밧모 섬에서 간절히 기도하던 중이었다(단 9:3). 성령으로 감동이 되어 앞으로 될 일을 계시로 받은 것이다. 몸은 밧모 섬에 있으면서 영으로는 앞으로 될 일을 성령의 감동하심을 입어 하늘 보좌의 환상을 본 것이다.

다니엘도 금식하며 베옷을 입고 여호와께 기도할 때 70이레의 이상을 보았다(단 9:3-4, 20-27). 스데반도 기도할 때 하늘 문이 열리고, 예수께서 하나님의 우편에 서신 것을 보았다(행 7:55-56). 사도 요한도 기도 중 성령에 감동되어 하늘 문이 열리고, 하늘 그 보좌 위에 앉으신 이를 보았다(계 4:2). 그러므로 요한계시록 4장 1-5절 말씀이 교회의 휴거나 성도의 휴거가 될 수 없다.

다니엘의 계시는 사도 요한이 계시를 받기 700년 전 다니엘 선지자에게 세계 열강을 통해 하나님의 주권하에 세계를 다스리시고 주관하시며, 앞으로 70이레 후 주님이 다시 오실 때(단 9:24) 이스라엘과 모든 구속된 이방인들이 회복될 것을 보여주신 것이기 때문이다. 이때에 성도들이 휴거된다는 것을 다니엘에게 계시하신 것이다. 더욱이 예수님은 공생애 동안에 말씀하시기를 환난 후에 해가 어두워지고 그때에는 땅의 모든 족속이 통곡하며, 예수 안에서 자는 자들을 예수님과 같이 구름을 타고 큰 영광 중에 데리고 오신다고 하셨다(살전 4:14; 마 24:29-30).

그때에 살아남은 자들은 저희와 함께 구름 속으로 끌어올려져 공중에서 주님을 영접하는 기쁨으로 휴거된다는 것이다(살전 4:17). 그리하여 우리가 항상 주와 함께 있으리라는 것이다. 대환란이 지나고 나면 예수님께서 재림하신다(단 2:44-45, 7:25-26, 9:24; 계 19:11-16). 이때 성도들이 휴거된다. 주님의 재림은 주께서 호령과 천사장의 소리와 하나님의 나팔로 친히 하늘로 좇아 강림하시리니 그리스도 안에서 죽은 자들이 먼저 일어나고(살전 4:16), 그후에 우리 살아남은 자도 육의 변화체로 육의 옷을 갈아입고 구름 속으로 끌어올려져 공중에서 주를 영접하게 된다. 이때에 성도와 교회가 휴거하여 우리가 항상 영원히 주님과 함께 있게 된다는 사실이다(살전 4:17).

요한계시록 4장의 모습을 보면 사도 요한이 하나님의 나팔 소리가 아닌 나팔 소리 같은 음성은 들었지만 만약에 이때가 재림장이라면 먼저 예수님께서 강림하셔야 하는 것이다(마 24:29-30; 살전 4:16-17; 단 9:26). 그렇지 않은가? 그런데 요한계시록 4장 1-6절에는 주님의 강림이 전혀 없고 휴거되는 장소도 명시되지 않았다. 주님의 재림 장소는 구름이다(살전 4:16-17). 요한도 밧모 섬에서 성령의 감동으로 하늘 보좌를 보았고, 하늘 보좌를 본 스데반도(행 7:56) 순교했지만 이들 모두 휴거되지 못했다. 주님이 강림하셔야만 우리 성도들이 부활하여 휴거되는 것이다.

교회의 휴거는 주님과 영원히 함께 있을 때이다(살전 4:17). 요한이 장차 앞으로 될 일을 성령의 감동으로 보여주신 것이지 교회 휴거는 아니다. 그러므로 요한계시록 4장을 휴거로 보는 것은 엉뚱한 판단이다. 따라서 "…이리로 올라오라…"(계 4:1)는 교회의 휴거가 아니고 대환란 때 정확하게 이루어질 일들을 사도 요한에게 보여주신 것이다. 예수님께서 교회를 위하여 주의 종들과 뭇 성도들에게 증거하신 것이다. 정확한 사실은 다니엘을 통해서도 대환란 후에 정확하게 주님께서 오신다고 했으며(단 9:24), 주님의 공생애 때에도 환난 후에 주님이 오신다고 했다(마 24:29-30). 사도 요한의 계시에서도 대환란 후에 주님이 강림하신다고 하였다(계 19:11-16).

결론으로 재림에 대한 성경구절을 통해 ① 다니엘 시대 ② 예수님의 공생애 때 ③ 사도 바울 시대 ④ 사도 요한의 계시록 시대를 보자.

① 다니엘 시대

"네 백성과 네 거룩한 성을 위하여 칠십 이레로 기한을 정하였나니 허물이 마치며 죄가 끝나며 죄악이 영속되며 영원한 의가 드러나며 이상과 예언이 응하며 또 지극히 거룩한 자가 기름 부음을 받으리라"(단 9:24).

② 예수님의 공생애 때

"그날 환난 후에 즉시 해가 어두워지며 달이 빛을 내지 아니하며 별들이 하늘에서 떨어지며 하늘의 권능들이 흔들리리라 그때에 인자의 징조가 하늘에서 보이겠고 그때에 땅의 모든 족속들이 통곡하며 그들이 인자가 구름을 타고 능력과 큰 영광으로 오는 것을 보리라 저가 큰 나팔 소리와 함께 천사들을 보내리니 저희가 그 택하신 자들을 하늘 이 끝에서 저 끝까지 사방에서 모으리라"(마 24:29-31).

③ 사도 바울 시대

"우리가…예수 안에서 자는 자들도 하나님이 저와 함께 데리고 오시리라…주 강림하실 때까지 우리 살아남아 있는 자도…주께서 호령과 천사장의 소리와 하나님의 나팔로 친히 하늘로 좇아 강림하시리니…그 후에 우리 살아남은 자도 저희와 함께 구름 속으로 끌어올려 공중에서 주를 영접하게 하시리니 그리하여 우리가 항상 주와 함께 있으리라"(살전 4:14-17) .

④ 사도 요한의 계시록 시대

"또 내가 하늘이 열린 것을 보니 보라 백마와 탄 자가 있으니 그 이름은 충신과 진실이라 그가 공의로 심판하며…그 눈이 불꽃 같고 그 머리에 많은 면류관이 있고…또 그가 피 뿌린 옷을 입었는데 그 이름은 하나님의 말씀이라 칭하더라…친히 저희를 철장으로 다스리며 또 친히 하나님 곧 전능하신 이의 맹렬한 진노의 포도주 틀을 밟겠고 그 옷과 그 다리에 이름 쓴 것이 있으니 만왕의 왕이요 만주의 주라 하였더라"(계 19:11-16).

이것 외에 더 이상도 더 이하도 없는 귀한 말씀 전부를 기재하였다. 이것들을 증거하신 이가 "…가라사대 내가 진실로 속히 오리라…"(계 22:20)고 하셨다. 그러므로 앞으로는 재림에 대하여 착오 없기를 바란다.

사도 요한은 하늘 보좌를 볼 때 그곳에 앉으신 하나님의 모양을 보았다(계 4:2). 구약의 성막은 하나님이 임재하신 곳이요, 신약의 성전은 예수님께서 계시는 곳이다(고전 3:16). 사도 요한은 하늘 보좌에 앉으신 하나님의 얼굴까지 보았다(계 22:4). 스데반도 하늘 보좌에 서신 분을 보았고(행 7:56), 사도 바울도 하늘 보좌의 3천층을 보았다(고후 12:1-4).

이때 사도 요한은 하나님의 보좌를 설명할 수 없어 세상에서 가장 귀한 것을 설명한 요한계시록 4장 3절에 하나님은 벽옥 같고 홍보석 같고 녹보석 같다고 했으며, 사도 바울은 사람의 말로는 표현할 수 없다고 고백했다. 사도 요한의 벽옥은 하나님의 거룩성을 상징하고, 홍보석은 하나님의 공의성을 상징하며, 보좌에 둘려진 무지개는 하나님의 언약성의 상징이고, 녹보석은 생명성을 상징하고 있다(계 21:19; 출 28:20).

그리고 사도 요한은 하늘 보좌에 24보좌가 있고 그 보좌들 위에 24장로들이 흰옷을 입고 머리에는 금 면류관을 쓰고 앉아 있는 것을 보았다(계 4:4). 여기에서 24장로는 구약의 12지파와 신약의 12제자를 말한다. 요한은 그들이 성도의 거룩한 흰옷을 입고 있는 모습을 보았다. 다시 말해, 흰옷은 예수 그리스도의 옷을 입은 자들이다. 어린 양의 피로 씻어 그 옷을 희게 했으므로 그 거룩한 옷을 입은 성도들(24장로들)이 하나님의 보좌에 둘러서 있는 모습을 본 것이다. 그들은 주님께 죽도록 충성한 이들이기에 생명의 면류관으로(계 2:10) 그 머리에 금 면류관을 받은 성도의 모습을 보여주고 있는 것이다.

그리고 그 보좌로부터 번개와 같이 신속하게 권위성의 음성으로, 공의성이 가득한 뇌성으로 앞으로 될 일을 말씀하신다(계 4:5). 또 보좌 앞에는 일곱 등불의 하나님의 영이 있고 하나님의 일곱 영, 이것은 완전하신 성령의 사역을 요한에게 보여주신다(계 4:5).

5. 네 생물(계 4장)

"그 첫째 생물은 사자 같고 그 둘째 생물은 송아지 같고 그 셋째 생물은 얼굴이 사람 같고 그 넷째 생물은 날아가는 독수리 같은데 네 생물이 각각 여섯 날개가 있고 그 안과 주위에 눈이 가득하더라 그들이 밤낮 쉬지 않고 이르기를 거룩하다 거룩하다 거룩하다 주 하나님 곧 전능하신 이여 전에도 계셨고 이제도 계시고 장차 오실 자라 하고 그 생물들이 영광과 존귀와 감사를 보좌에 앉으사 세세토록 사시는 이에게 돌릴 때에 이십사 장로들이 보좌에 앉으신 이 앞에 엎드려 세세토록 사시는 이에게 경배하고 자기의 면류관을 보좌 앞에 던지며 가로되 우리 주 하나님이여 영광과 존귀와 능력을 받으시는 것이 합당하오니 주께서 만물을 지으신지라 만물이 주의 뜻대로 있었고 또 지으심을 받았나이다 하더라"(계 4:7-11).

네 생물은 천사를 의미하며 그 모습은 사자 같고(용맹성), 송아지 같고(헌신), 얼굴이 사람 같고(지혜성), 독수리 같은(신속성) 모습이다(도표 Ⅲ-6).

네 생물의 모습

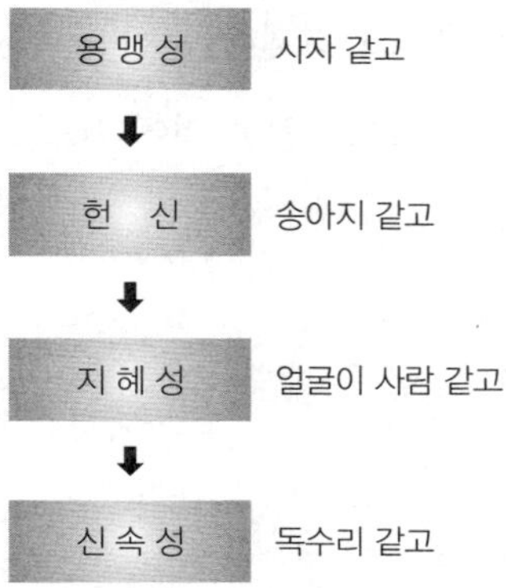

〈도표 Ⅲ-6〉

네 생물(천사들)은 각각 여섯 날개를 가졌기 때문에 하나님의 뜻을 수행한다. 이 천사들은 보좌 주위에서 밤낮 쉬지 않고 "거룩하다 거룩하다" 하면서 존귀와 영광과 감사를 전능하신 하나님께 드리며, 천상의 천국 예배를 보여주고 있다. 또한 네 생물의 상징적 의미는 요한계시록 4장 1-6절에서 요한에게 하늘을 보게 한 후에 앞으로 다가올 대환란의 일들을 보여주기 위함이었다.

네 천사가 동, 서, 남, 북의 세력을 견제하여 세상에서 어떤 일이 일어날 수 없게 지킬 때 하나님께서는 동서남북 사방에 있는 구원받은 성도들을 다 모아서 하나님의 인을 치게 된다(계 7:1-8). 그 후에 구원받은 성도는 하나님께서 머리털 하나 털끝 하나라도 상하지 않게 하신다(사 43:1-3). 지금 이 세상은 어떠한가? 네 생물, 즉 미국, 중국, EU, 소련의 세력이 견제하는 한 큰 전쟁이 일어날 수 없다는 상징적인 해석을 할 수도 있을 것이다(도표 Ⅲ-6, Ⅲ-7).

6. 하나님의 인치기(계 7장)

1) 하나님의 인치심(계 7장)

"이 일 후에 내가 네 천사가 땅 네 모퉁이에 선 것을 보니 땅의 사방의 바람을 붙잡아 바람으로 하여금 땅에나 바다에나 각종 나무에 불지 못하게 하더라 또 보매 다른 천사가 살아 계신 하나님의 인을 가지고 해 돋는 데로부터 올라와서 땅과 바다를 해롭게 할 권세를 얻은 네 천사를 향하여 큰 소리로 외쳐 가로되 우리가 우리 하나님의 종들의 이마에 인치기까지 땅이나 바다나 나무나 해하지 말라 하더라 내가 인 맞은 자의 수를 들으니 이스라엘 자손의 각 지파 중에서 인 맞은 자들이 십사만 사천이니 유다 지파 중에 인 맞은 자가 일만 이천이요 르우벤 지파 중에 일만 이천이요 갓 지파 중에 일만 이천이요 아셀 지파 중에 일만 이천이요 납달리 지파 중에 일만 이천이요 므낫세 지파 중에 일만 이천이요 시므온 지파 중에 일만 이천이요 레위 지파 중에 일만 이천이요 잇사갈 지파 중에 일만 이천이요 스불론 지파 중에 일만 이천이요 요셉 지파 중에 일만 이천이요 베냐민 지파 중에 인 맞은 자가 일만 이천이라"(계 7:1-8).

십사만 사천은 만수이며 구원받은 하나님 백성이 하나님의 인을 받는 숫자이다(계 7:4). 왜냐하면 교회시대, 라오디게아 교회 시대가 끝나면(계 3:14-22) 다니엘의 예언대로 70이레 중에서 한 이레가 시작된다(단 9:27). 그때는 무화과나무나 모든 나무가 꽃이 피고(눅 21:29-30) 이방인의 구원의 수가 찰 때(롬 11:25)이다. 다니엘의 한 이레는 적그리스도가 활동하는 시기이다. 이 적그리스도는 한 이레 동안 굳게 언약을 세우겠고, 예물과 예배를 금할 것이며, 잔포하고 자기가 하나님이라고 하며, 정한 종말의 때까지 진노로 황폐케 할 것이다. 이 일은 앞으로 다가올 대환란이다(단 9:27). 하나님은 바로 대환란 시작 전에 하나님의 구원받은 백성을 찾아 너는 내 것이라(사 43:1 하) – 고 하시며 이마에 인을 치실 것이다(계 7:2-3).

사도 요한이 후에 네 천사가 동서남북 모퉁이에 선 것을 보니 네 천사가 사방에서 불어오는 바람(환난이나 전쟁이나 천재지변)으로 하여금 땅 위에나 바다나 나무에 불지 못하게 하는 것을 본다. 네 천사가 바람을 불지 못하게 잡는다는 것은 하나님이 하나님의 구원 백성의 이마에 '너는 내 것'이라는 성령의 인을 치시기까지 대환란의 한 이레가 시작되지 않게끔 붙잡고 완전한 하나님의 백성을 찾으시는 것이다(계 7:3; 겔 36-38장, 도표 Ⅲ-7).

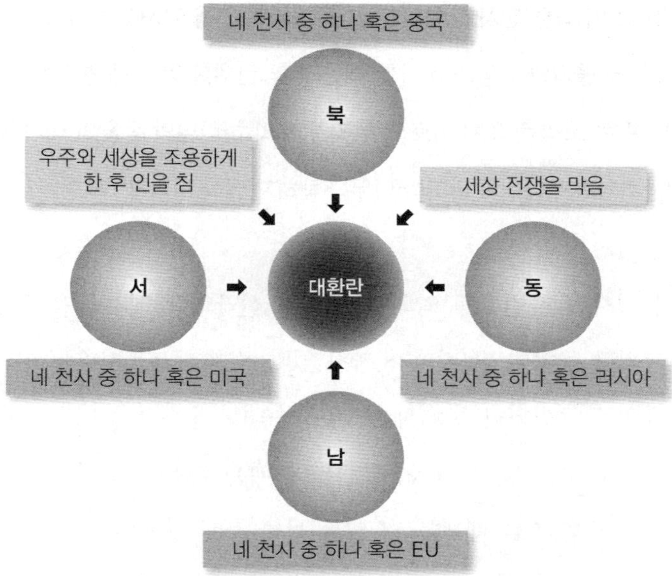

〈도표 Ⅲ-7〉

상징적으로 지금 이 시대에도 미국, 러시아, EU, 중국의 세력이 견제되는 한 큰 전쟁이 일어날 수 없을 것이다(도표 Ⅲ-7). 또 다른 한 천사가 살아 계신 하나님의 인을 가지고 복음(선교)이 전파되는 (해 뜨는 곳) 곳으로부터 올라와서 복음전도 선교를 방해하는(못하게 하는) 악한 불신자들에게 큰 소리로 외쳐 말하되(계 7:2), 구원받은 영적인 이스라엘 백성들에게 성령의 인을 칠 자가 만수인 십사만 사천 인이 되리라고 한다.

"또 보매 다른 천사가 살아 계신 하나님의 인을 가지고 해 돋는 데로부터 올라와서 땅과 바다를 해롭게 할 권세를 얻은 네 천사를 향하여 큰 소리로 외쳐 가로되 우리가 우리 하나님의 종들의 이마에 인 치기까지 땅이나 바다나 나무나 해하지 말라 하더라"(계 7:2-3).

이 십사만 사천은 구약의 12지파와 신약의 12제자들을 상징한다. 그러나 구약의 단 지파가 빠져 있다(계 7:5-8). 단 지파는 구약에서 뱀으로 표현되었고(창 49:17), 우상숭배하였다(삿 18:17-20). 또 율법과 성막 짓는 법, 제사와 절기를 다 배운 다음 이스라엘 백성들이 시내 산을 떠날 때 행군 서열을 보면, 법궤를 앞세우고 그 뒤에는 각 지파별로 따르게 하고 광야를 진군했다. 이때 단 지파는 이스라엘 지파 행렬에서 맨 뒤였다. 하나님 말씀에 순종하지 않는 단 지파였으므로 가장 꽁지에서 따라다녔다. 하나님은 구원받을 백성들에게 인을 치실 때 하나님의 구원받는 백성들에게 해함이 없도록 막아 버리신다(계 7:5-8). 하나님이 인을 치신 뒤에는 대환란의 바람이 몰아치면서 고통과 애통이 있을 것이며, 잔포하고(잔인하고 포악함) 황폐케 될 것이다(단 9:27; 계 6:1-17, 8:1-13, 9:1-21, 16:1-21).

(1) 흰옷 입은 무리

"…큰 무리가 흰옷을 입고…"(계 7:9).

요한은 모든 족속, 즉 전 세계에서 하나님의 인을 받은 자들, 즉 능히 셀 수 없을 만큼 큰 무리가 흰옷을 입고, 손에 종려 가지를 들고 보좌의 어린 양 앞에 서서 "우리의 구원은 보좌에 앉으신 하나님과 어린 양에게 있도다" 하고 외치는 것을 듣는다. 그리고 모든 천사와 장로들과 네 생물이 보좌 앞에 엎드려 하나님께 경배하는 것을 본다. 여기에서 흰옷은 하나님의 형상의 옷이요(창 1:27), 그리스도의 옷이요(갈 2:20; 고전 3:16), 승리와 성결의 옷(계 3:4)이다. 이것은 자기의 믿음을 지켜 승리한 자들이 보좌에 계신 하나님과 어린 양 앞에 경배와 찬양을 드리는 모습이다(계 7:9-11). 삼 년 반의 공생애를 끝내시고 예수님이 어린 나귀를 타시고 예루살렘에 입성하실 때 많은 유대인들이 종려나무 가지를 가지고 환영했던 모습을(슥 9:9; 요 12:13) 성경은 너무나도 자세히 기록하고 있다.

"종려나무 가지를 가지고 맞으러 나가 외치되 호산나 찬송하리로다 주의 이름으로 오시는 이 곧 이스라엘의 왕이시여 하더라"(요 12:13).

> “시온의 딸아 크게 기뻐할지어다 예루살렘의 딸아 즐거이 부를지어다 보라 네 왕이 네게 임하나니 그는 공의로우며 구원을 베풀며 겸손하여서 나귀를 타나니 나귀의 작은 것 곧 나귀 새끼니라”(슥 9:9).

흰옷을 입은 무리의 구원이 하나님과 어린 양께 있음을(행 4:12; 요 14:6, 15:1-17) 경배하고 찬양드림이 얼마나 큰 감격인가? 바로 이들이 종말의 큰 환난에서 나온 자들이다. 그 환난은 개국 이래로 지금까지 없었던 환난이다(단 9:27, 10:7). 창세 이래로 없었던 대환란(마 24:21)인데, 어린 양의 보혈의 피로 죄 사함을 받게 하시고(히 9:22), 우리의 죄를 정결케 하시고, 사망의 음침한 골짜기(롬 6:23)에서도 새 생명으로 종말을 무난히 승리하게 하심으로 우리가 재림하실 예수님 앞에 선다는 것이다(계 7:12-14, 19:11-16). 이들은 흰옷 입은 자들 곧 하나님의 인을 받은 자들인 바로 그 무리들이다. 이들 모두 어린 양의 피에 그 옷을 씻어서 희게 하였던 자들이다(계 7:14). 이제 후로는 세세토록 하나님께 경배할 것이다.

> “저희가 다시 주리지도 아니하며 목마르지도 아니하고 해나 아무 뜨거운 기운에 상하지 아니할지니 이는 보좌 가운데 계신 어린 양이 저희의 목자가 되사 생명수 샘으로 인도하시고 하나님께서 저희 눈에서 모든 눈물을 씻어 주실 것임이러라”(계 7:16-17).

"사망을 영원히 멸하실 것이라 주 여호와께서 모든 얼굴에서 눈물을 씻기시며 그 백성의 수치를 온 천하에서 제하시리라 여호와께서 이같이 말씀하셨느니라"(사 25:8).

어린 양의 피에 씻어서 깨끗하게 된 흰옷 입은 무리들은 밤낮 하나님의 보좌에 있게 된다. 그 보좌 앞에서 하나님과 어린 양께 경배하고 찬양하고, 큰 환난 속에서 구속함을 받은 무리들이 하나님과 같이 동거하는 것을 본다(계 19:11-16, 21:3; 단 9:24; 살전 4:16-17). 그곳은 사망도 없고, 주림도 없고, 애통하는 것이나 곡하는 것도 없고, 아픔도 슬픔도 없고, 죽음도 없는 곳이다(사 25:8; 계 21:4; 단 9:24). 그러므로 우리는 복음으로 인한 어떤 핍박과 환난이라도 사도 바울과 같이 이겨내야 한다. 바로 이곳은 우리가 가야 할 영원한 고향, 내 아버지의 집이다.

2) 십사만 사천(계 14장)

"또 내가 보니 보라 어린 양이 시온 산에 섰고 그와 함께 십사만 사천이 섰는데 그 이마에 어린 양의 이름과 그 아버지의 이름을 쓴 것이 있도다 내가 하늘에서 나는 소리를 들으니 많은 물 소리도 같고 큰 뇌성도 같은데 내게 들리는 소리는 거문고 타는 자들의 그 거문고 타는 것 같더라 저희가 보좌와 네 생물과 장로들 앞에서 새 노래를 부르니 땅에서 구속함을 얻은 십사만 사천 인밖에는 능히 이 노래를 배울 자가 없더라 이 사람들은 여자로 더불어 더럽히지 아니하고 정절이 있는 자라 어린 양이 어디로 인도하든지 따라가는 자며 사람 가운데서 구속을 받아 처음 익은 열매로 하나님과 어린 양에게 속한 자들이니 그 입에 거짓말이 없고 흠이 없는 자들이더라 또 보니 다른 천사가 공중에 날아가는데 땅에 거하는 자들 곧 여러 나라와 족속과 방언과 백성에게 전할 영원한 복음을 가졌더라 그가 큰 음성으로 가로되 하나님을 두려워하며 그에게 영광을 돌리라 이는 그의 심판하실 시간이 이르렀음이니 하늘과 땅과 바다와 물들의 근원을 만드신 이를 경배하라 하더라 또 다른 천사 곧 둘째가 그 뒤를 따라 말하되 무너졌도다 무너졌도다 큰 성 바벨론이여 모든 나라를 그 음행으로 인하여 진노의 포도주로 먹이던 자로다 하더라 또 다른 천사 곧 셋째가 그 뒤를 따라 큰 음성으로 가로되 만일 누구든지 짐승과 그의 우상에게 경배하고 이마에나 손에 표를 받으면 그도 하나님의 진노의 포도주를 마시리니 그 진노의 잔에 섞인 것이 없이 부은 포도주라 거룩한 천사들 앞과 어린 양 앞에서 불과 유황으로 고난을 받으리니 그 고난의 연기가 세세토록 올라가리로다 짐승과 그의 우상에게 경배하고 그 이름의 표를 받는 자는 누구든지 밤낮 쉼을 얻지 못하리라 하더라 성도들의 인내가 여기 있나니 저희는 하나님의 계명과 예수 믿음을 지키는 자니라"(계 14:1-12).

(1) 십사만 사천

"…그와 함께 십사만 사천이…"(계 14:1).

요한계시록 14-15장에서는 하늘과 땅에서 일어나는 여러 가지 장면들이 소개되고 있으며, 이것은 곧 일곱 대접의 심판이 들어 있는 요한계시록 16-18장에 기재되어 있는 심판의 예비 단계로 볼 수 있다.

먼저 요한계시록 14장 1-2절을 보면 어린 양과 함께 시온 산에 서 있는 십사만 사천을 볼 수 있다. 이들은 바로 요한계시록 7장 4-8절에 기록되어 있는 무리들과 같다고 볼 수 있다. 수많은 이방인들과 유대인들이 마지막 때에 그리스도께로 돌아와서 그리스도의 재림 때에 예수님을 맞이하는 이러한 영광을 얻게 될 것이다.

이 십사만 사천은 환난 기간 동안의 복음 전도자일 것이다. 그들은 어린 양이 어디로 인도하든지 따라가는 자들이다. 요한은 계속해서 사람 가운데서 구속을 받아 처음 익은 열매로 하나님과 어린 양에게 속한 자들이라고 말한다(엡 5:27). 여기서 처음 익은 열매라는 것은 이들이 예수님의 재림 때에 예수님께로 돌아올 사람들,

즉 회개한 이스라엘 사람임을 암시한다(슥 12:10; 롬 11:25-27). 이들은 또한 흠이 없는 자들이며 사탄의 속임 시대에도 거짓말을 하지 않은 자들이다.

"자기 앞에 영광스러운 교회로 세우사 티나 주름잡힌 것이나 이런 것들이 없이 거룩하고 흠이 없게 하려 하심이니라"(엡 5:27).

"내가 다윗의 집과 예루살렘 거민에게 은총과 간구하는 심령을 부어 주리니 그들이 그 찌른 바 그를 바라보고 그를 위하여 애통하기를 독자를 위하여 애통하듯 하며 그를 위하여 통곡하기를 장자를 위하여 통곡하듯 하리로다"(슥 12:10).

"형제들아 너희가 스스로 지혜 있다 함을 면키 위하여 이 비밀을 너희가 모르기를 내가 원치 아니하노니 이 비밀은 이방인의 충만한 수가 들어오기까지 이스라엘의 더러는 완악하게 된 것이라 그리하여 온 이스라엘이 구원을 얻으리라 기록된 바 구원자가 시온에서 오사 야곱에게서 경건치 않은 것을 돌이키시겠고 내가 저희 죄를 없이 할 때에 저희에게 이루어질 내 언약이 이것이라 함과 같으니라"(롬 11:25-27).

사도 요한이 시내 산에 서 있는 어린 양을 본다. 시온 산은 예루살렘에서 남쪽에 있는 산으로, 높은 신앙(시 50:1-3)과 견고성(시 125:1)을 상징한다. 이 시온 산은 최고의 영광의 산이요, 다윗이 언약궤를 모신 곳이요(삼하 6:12-16), 에덴 동산과 동일시하는 곳이요(사 40:9), 하나님이 거하시는 축복의 상징으로, 이곳에 어린 양이 십사만 사천과 함께 서 있는 것을 사도 요한이 보았다. 이는 환난 중에 두 증인들(참 종들이)이 순교한 후에 예수님과 함께 있는 영광의 모습이다. 그들의 이마에는 어린 양의 이름과 그 아버지의 이름을 쓴 것이 있었다(계 3:12, 14:1). 이들은 예수 그리스도의 흠 없는 신부로서 바로 두 증인의 모습이다. 참 천국 백성들의 모습을 보여주는 듯했을 것이다.

요한이 그 영광스런 모습을 볼 때 하늘에서 많은 물 소리와도 같고(겔 1:24) 큰 뇌성도 같은데(계 14:2) 그에게 들리는 소리는 거문고 타는 자들의 소리 같은 소리를 들었다(계 14:2, 15:2-3). 이 일은 하나님의 전능하심과 또 구원의 위엄성과 감격에서 모세의 노래와 어린 양의 노래를 불렀던 것이다. 특히 십사만 사천이 하나님과 천사장과 구원받은 성도들 앞에서 새 노래를 부른다. 이 새 노래는 새 곡을 의미하는 것이 아니고, 새로운 신분으로 예수 그리스도의 새 신부가 되었음을 찬양하는 의미이다. 성도들의 인내가 여기 있나니 저희는 하나님의 계명과 예수 믿음을 지키는 자니라. 이 노래는 은혜의 신비를 체험한 자들이 경험할 수 있는 감격의 찬양이다(계 14:1-2; 시 98:1).

(2) 십사만 사천의 자격(계 14:4-5)

① 여자로 더불어 더럽히지 아니한 자

② 종교다원주의 음녀와 타협하지 아니한 신앙의 소유자(계 3:4)

③ 정절이 있는 자

음녀와 비진리와도 타협하지 않고 신앙의 지조를 지킨 자, 즉 믿음의 정조를 지킨 자들이다(고후 11:2).

④ 어린 양의 인도함을 받은 자

아브라함의 믿음(히 11:8)으로 오직 어린 양에게 순종하며, 어린 양이 어디로 인도하든지 따라가며, 신랑 되신 예수님께 순종하는 자들이다.

⑤ 구속함을 받을 처음 익은 열매

대환란 때의 구속의 처음 열매이다. 즉 첫 소산, 제일 좋은 기름과 제일 좋은 포도주와 곡식을 드리는 것과 같이(약 1:18) 첫 열매로 하나님께 온전히 속한 자들이다.

⑥ 어린 양에게 속한 자

오직 하나님과 예수님께만 속한 자들이다.

⑦ 거짓말이 없는 자

그 입에 거짓말이 없고 진리로 무장한 자들이다. 단순히 도덕적 거짓말이 아니라 진리 되신 하나님의 말씀으로 무장한 자들이다. 그러나 악한 종은 거짓말을 일삼는 자들이다.

⑧ 흠이 없는 자(새 언약을 믿는 자)

도덕적 차원이 아니라 모든 죄가 어린 양의 피로 씻겨진 자들이다(엡 5:27).

(3) 믿는 자들의 축복

마지막 때에 성도들의 믿음의 인내가 어디까지 입증되어야 하는가? 아브라함은 아들 이삭을 하나님께 바쳤을 때 믿음의 조상, 복의 근원이 되었다(창 12:1-2, 22:18). 마지막 때 성도들의 믿음의 인내가 하나님의 계명과 예수님을 믿고 그 믿음을 지켰다는 표가 될 것이다(딤후 4:7).

① 복음을 아는 자(복의 근원인 아브라함의 영적 후손들)

그 표는 바로 짐승표이다. 예수님의 계시의 말씀대로 이마나 손에 짐승의 표를 받지 않고 짐승 적그리스도에게 경배하지 않은 자(계 13:16-17), 계시의 말씀대로 결실을 맺는 자(눅 8:15), 자신이 주님을 모신 성전이 된 자이다(고전 3:16).

② 새 언약을 믿는 자(새 언약의 중보자를 믿는 자들, 히 12:24)

그러므로 마지막 때에 성도의 축복은 대환란 때 짐승표를 이마나 손에 받지 않고 짐승 적그리스도에게 경배하지 않으려고 믿음의 정조를 지키다가 순교하는 것 그 자체가 주 안에서 큰 축복이다(단 3:15-18). 이 축복은 땅에서 믿음을 지키기 위해서 받은 많은 고통과 수고를 뿌린 자들의 것이다. 사도 바울과 같이 죽음을 각오하고 선교한(행 21:13), 죽기까지 그 생명을 아끼지 아니한 자(계 12:11), 주 안에서 죽기를 각오한 자들은 하늘에서 상으로 갚아 주신다는 것이다. 내가 성전이 되어서 주 안에서 죽는 자는 축복 중에 축복이라는 말씀이다(고전 3:16, 6:19).

사도 요한은 시온 산에 있는 어린 양을 본다. 그런데 혼자 서 있는 것이 아니라 십사만 사천과 어린 양이 함께 서 있었다. 이는 환난을 딛고 서 있는 두 증인(참 사명자들), 종말에 순교한 참 종들이 천국에서 함께 있는 영광스러운 모습이다. 시온 산에 서 있는 그들의 이마에는 어린 양의 이름과 그 아버지의 이름이 쓰인다. '너희들은 내 것'이라고 인을 치시는 것이다(사 43:1). 이렇게 천국의 백성들이 됨을 보여주고 있다. 요한이 이 영광스런 모습을 볼 때 그 소리가 큰 뇌성과도 같고, 거문고 타는 소리와도 같은 구원의 감사에 대한 아름다운 찬양의 새 노래가 들려왔다(계 15:2-3). 십사만 사천은 하나님과 천사장과 구원받은 성도들 앞에서 새로운 신분의 세계에서 새 노래를 부른다(시 98:2).

십사만 사천의 자격은 여러 가지로 "그 신앙의 모습"을 보여주고 있다.

① 십사만 사천은 여자로도 더럽히지 아니한 자들, 즉 신앙의 정조를 지킨 자들이다.

② 오직 예수 신앙만을 가진 자, 오직 예수님께만 순종한 자들이다.

③ 대환란 때 예수 그리스도의 첫 열매로 하나님께 완전히 속한 자들이다.

④ 어린 양에게 속해 있는 자들이다.

⑤ 거짓말이 없는 자들이다.

⑥ 흠이 없다는 것은 도덕적 차원이 아니라 모든 죄가 어린 양의 피로 씻음 받은 자들을 말한다.

⑦ 자신이 성전이 된 자들이다. 예수님께 꼭 붙어 있어야만 천국을 갈 수 있다(요 15:4; 고전 15:23).

정말 우리는 누구의 것일까?(사 43:1)

"야곱아 너를 창조하신 여호와께서 이제 말씀하시느니라 이스라엘아 너를 조성하신 자가 이제 말씀하시느니라 너는 두려워 말라 내가 너를 구속하였고 내가 너를 지명하여 불렀나니 너는 내 것이라"(사 43:1).

3) 곡식 추수(계 14장)

"성도들의 인내가 여기 있나니 저희는 하나님의 계명과 예수 믿음을 지키는 자니라 또 내가 들으니 하늘에서 음성이 나서 가로되 기록하라 자금 이후로 주 안에서 죽는 자들은 복이 있도다 하시매 성령이 가라사대 그러하다 저희 수고를 그치고 쉬리니 이는 저희의 행한 일이 따름이라 하시더라 또 내가 보니 흰 구름이 있고 구름 위에 사람의 아들과 같은 이가 앉았는데 그 머리에는 금 면류관이 있고 그 손에는 이한 낫을 가졌더라 또 다른 천사가 성전으로부터 나와 구름 위에 앉은 이를 향하여 큰 음성으로 외쳐 가로되 네 낫을 휘둘러 거두라 거둘 때가 이르러 땅에 곡식이 다 익었음이로다 하니 구름 위에 앉으신 이가 낫을 땅에 휘두르매 곡식이 거두어지니라"(계 14:12-16).

사도 요한이 보니 성결과 영광(흰 구름 위에 사람의 아들 같은 이가 앉아 계시며)으로 구름 위에 사람 같은 이가, 곧 예수님과 같은 이가 앉아 있는데(계 14:14; 단 7:13), 그에(예수님) 의하여 무서운 재앙을 맞이하는 세상의 모습을 그리고 있다. 그 머리에는 금 면류관이 있고 그 손에는 이한 낫을 가졌더라. 그는 만왕의 왕이요 만주의 주라(계 19:12-16). 이 낫은 주님께서 재림 시(계 19:11-16) 심판할 도구로 사용하실 것이다. 말씀으로 심판(요 12:48)하실 것임을 상징한다.

> "나를 저버리고 내 말을 받지 아니하는 자를 심판할 이가 있으니 곧 나의 한 그 말이 마지막 날에 저를 심판하리라"(요 12:48).

모르기는 몰라도 저로서는 이 말씀이 성경에 있는 말씀 중에 상당히 두렵고 신중성이 있는 무서운 말씀이라고 생각하고 있다. 또 다른 천사가 성전에서 나와 영광 위에(구름 위에) 앉아 계신 예수님께 큰 음성으로 낫을 땅에 휘둘러 곡식을 거두라 한다. "낫을 땅에 휘둘러"라는 것은 마지막 대환란 때 구원받은(받을) 성도를 하나님의 나팔 소리로 하늘 이 끝에서 저 끝까지 사방에서 모으신다는 것이다(마 24:31).

① 인자가 자기 영광으로 모든 천사와 함께 올 때에 자기 영광의 보좌에 앉으리니, 모든 민족을 그 앞에 모으시고 각각 분별하기를 목자가 양과 염소를 분별하는 것같이 하리라(마 25:31-46).

② 또 어떤 사람이 타국에 갈제 그 종들을 불러서 자기 소유를

맡김과 같으니, 후에 돌아와 각각 그 재능대로 주었던 달란트를 회계하리라(마 25:15-30).

③ 그때에 천국은 마치 등을 들고 신랑을 맞으러 나간 열 처녀와 같다 하리니, 신랑이 더디 오므로 다 졸며 잘새 한밤중에 신랑이 오니 예비하였던 자들은 함께 혼인잔치에 들어가고 문은 닫힌지라. 그 후에 남은 처녀들은 주여 주여 우리에게 열어 주소서 하나 대답하여 가로되 진실로 너희에게 이르노니 내가 너희를 알지 못하노라. 그런즉 깨어 있으라. 너희는 그 날과 그 시를 알지 못하느니라(마 25:1-13).

이 말씀들은 예수님 재림 때에(계 19:11-16) 택함 받은 백성들을 모으신다는 것이다(계 14:15-16).

위에서 보여주신 ① 양과 염소의 비유 ② 달란트 비유 ③ 열 처녀의 비유는 예수님의 공생애 기간 동안 여러 가지 비유로 말씀하셨던 것 중에 가장 마지막 비유들이다. 예수님께서는 이 비유들을 마태복음 25장에서 저희들에게 주시고 수난의 길(비아 돌로로사-이 길에서 14번 넘어지심)로 가시면서 고난을 당하셨다. 이 비유들은(우리가 꼭 알아야 하기 때문에) 그리스도의 심판대(고후 5:10; 롬 14:10)에서 실제로 실행(결산)하셔야 하기 때문에 주셨다.

"이는 우리가 다 반드시 그리스도의 심판대 앞에 드러나 각각 선악 간에 그 몸으로 행한 것을 따라 받으려 함이라"(고후 5:10).

"네가 어찌하여 네 형제를 판단하느뇨 어찌하여 네 형제를 업신여기느뇨 우리가 다 하나님의 심판대 앞에 서리라"(롬 14:10).

그 몸으로 행한 것은 하나님 앞에서 그 공력이 전부 나타날 것입니다.

"내게 주신 하나님의 은혜를 따라 내가 지혜로운 건축자와 같이 터를 닦아 두매 다른 이가 그 위에 세우나 그러나 각각 어떻게 그 위에 세우기를 조심할지니라 이 닦아 둔 것 외에 능히 다른 터를 닦아 둘 자가 없으니 이 터는 곧 예수 그리스도라 만일 누구든지 금이나 은이나 보석이나 나무나 풀이나 짚으로 이 터 위에 세우면 각각 공력이 나타날 터인데 그 날이 공력을 밝히리니 이는 불로 나타내고 그 불이 각 사람의 공력이 어떠한 것을 시험할 것임이니라 만일 누구든지 그 위에 세운 공력이 그대로 있으면 상을 받고 누구든지 공력이 불타면 해를 받으리니 그러나 자기는 구원을 얻되 불 가운데서 얻은 것 같으리라"(고전 3:10-15).

위에 기재된 비유들 (① 양과 염소의 비유 ② 달란트 비유 ③ 열 처녀의 비유)은 우리가 살고 있는 이 땅(=지구상)이 아닌 시간적으로 우리 모두가 부활체로 더러는 변화체를 받은 이후, 그리스도의 심판대 앞에서 이루실 모습이다. 먼저 고린도전서 3장 10-15절 말씀을 유의하고 일생을 살아오면서 닦아둔 터는 진정 예수 그리스도이셨는지, 불로 내 공력을 나타낼 때에 과연 금이나 은이나 보석이나 혹 공력이 불타 버릴 나무나 풀이나 짚은 아니었는지 돌아보라. 그 공력이 불타면 해를(상을 받지 못함) 받으리니 그러나 자기는 구원(예수님을 믿었고 거듭났으므로 영생에는 들어감)을 얻되 불 가운데 얻은 것과 같다. 원래가 구원은 그냥 주시는 선물이지만 구원을 받은 후에는 야고보서 2장 14-26절에서 언급했듯이 "…행함이 없는 믿음은 그 자체가 죽은 것이라…영혼 없는 몸이 죽은 것같이 행함이 없는 믿음은 죽은 것이니라"(약 2:14-26). 그리고 그 행함도 나 자신을 위한 행위에만 그치지 말고 오늘 하루만이라도 예수님을 위해서 말씀대로 실천하는 믿음이어야 한다. 말씀대로 살아가기 바란다.

4) 포도송이 추수(계 14장)

"또 다른 천사가 하늘에 있는 성전에서 나오는데 또한 이한 낫을 가졌더라 또 불을 다스리는 다른 천사가 제단으로부터 나와 이한 낫

가진 자를 향하여 큰 음성으로 불러 가로되 네 이한 낫을 휘둘러 땅의 포도송이를 거두라 그 포도가 익었느니라 하더라 천사가 낫을 땅에 휘둘러 땅의 포도를 거두어 하나님의 진노의 큰 포도주 틀에 던지매 성 밖에서 그 틀이 밟히니 틀에서 피가 나서 말굴레까지 닿았고 일천육백 스다디온에 퍼졌더라"(계 14:17-20).

날카로운 낫을 휘둘러 곡식을 거두는 이미지와 포도주 틀을 밟는 이미지를 통해서 마지막 심판의 모습을 더듬어 볼 때 주님이 허락하신 구원을 만홀히 여겼으므로 '심판의 장소인—성 밖에서' 바로 그들이 스스로 선택한 심판을 받는 것이다.

"사람의 아들 같은 이"는 다니엘 7장의 인자의 모습을 배경으로 한다(단 7:13). 우리 주님은 진정한 승리자로서 종말의 심판자가 될 것이다.

요한계시록 14장 17-20절에 나오는 포도송이 수확이 상징하는 악인들의 심판에 앞서서 택함 받은 신자들에(말씀으로 심판하심 - 요 12:48) 대한 구원을 언급하는 것을 통해 맹렬한 진노의 마지막 순간에도 다시 한 번 더 구속의 반열에서 성도들을 모으고 계심을 볼 수 있다. 요한계시록 14장 18-20절에서도 예리한 낫을 가진 천사에게 땅의 포도를 추수할 것을 명하신다. 추수한 포도를 하나님의 진노의 큰 틀에 던져 성 밖에서 그 틀을 밟을 때 틀에서 피가 나서 말 굴레까지 닿았고 1,600스다디온에 퍼졌다는 것은 하나님의 심판이 얼마나 맹렬하고 무서운지를 드러내고 있다. 원래가 포도는 포도 가지 즉 포도나무에 붙어 있어야만 과실을 맺듯이["나는 포도나무요 너희는 가지니 저가 내 안에, 내가 저 안에 있으면…"(요 15:5)] 예수님을 떠나서는 아무것도 할 수 없음에 해당되는 자들이다.

"또 다른 천사가 하늘에 있는 성전에서 나오는데 또한 이한 낫을 가졌더라"(계 14:17).

여기에 나타난 것은 심판의 상징이며, 낫을 가졌다는 것은 예수 그리스도의 말씀을 듣지 않은 자들을 말씀으로 심판하신다는 것이다(요 12:48-49; 계 14:17). "또 불을 다스리는 다른 천사가 제단으로부터 나와…"(계 14:18), "사람이 내 안에 거하지 아니하면 가지처럼 밖에 버리워 말라지나니 사람들이 이것을 모아다가 불에 던져 사르느니라"(요 15:6)고 한 말씀과 같은 일이 그들에게 일어날 것이다.

'거기에 포도송이가 있으니 낫을 땅에 휘둘러서 포도를 거두라.' 여기에서 포도는 자기 의지, 자기 생각, 자기애로, 그것이 깨지지 않은 뭇사람들을 향하여 심판의 율에(포도즙 짜는 틀에) 던지라 한다. 저희들은 포도나무, 즉 예수님 안에 있지 않은 자들로, 저절로 과실을 맺을 수 없음같이 된 자들이다. "…내 안에 있지 아니하면 그러하리라"(요 15:4)고 하셨다.

'성 밖' 어린 양의 생명책에 기록된 성 안에 있는 사람들과는 분명한 대조를 이루고 있다. 이는 불신자들이 심판을 받는 장소를 의미한다[성 밖은 골고다(번역하면 해골의 곳, 막 15:22)]. '성 밖'은 그리스도께서 죄인들의 구원을 위해 하나님의 심판을 받으신 곳인데, 불신자들이 주님이 허락하신 구원을 만홀히 여김으로써 심판의 장소인 성 밖에서 그들 스스로 선택한 심판을 받는 것이다.

하나님은 우리에게 이김을 주시기 위해 부르셨다. 우리의 최종적인 운명은 악을 정복하고 승리의 새 노래를 부르는 사람들의 대열에 서는 것이다. 우리는 이 땅에서 펼쳐지는 현실로 인하여 곤고한 시간들을 보낼 때, 이 천상의 장면을 마음에 품고 살아가야 한다. 또한 우리는 이길 사람이라는 확신을 가져야 한다. 구원받은 십사만 사천의 모습은 날카로운 낫을 가지고 추수하시는 인자의 모습과 대조를 이룬다. 우리의 승리를 승리 편에서만 이야기하는 것이 아니라 심판 쪽에서도 우리의 위치를 대조해 보도록 해야 한다. 한마디로 말하면, 진노 옆에 있는 구원을 제시하는 것이다. 이렇게 심판당하는 자들의 입장에서 구원받은 자들의 모습을 대조시키는 것은 우리가 현재적 감격을 만들면서 살아가는 데 아주 중요한 메시지를 제시한다.

극단적인 대조를 이루는 본문의 구조를 통해서 말하고자 하는 바는 구원의 감격을 누리는 삶, 천국을 경험하는 삶의 비밀을 풀 수 있는 중요한 열쇠가 의외로 어린 양이신 구원자를 깊이깊이 만나는 것뿐 아니라, 진노하시는 하나님을 성경을 통해 깊이 만나는 데 있다는 점이다. 신앙이 감격적인 것이 되려면 구원자를 만나기 전에 더 강렬한 모습으로 심판자를 만나는 것이 매우 중요하다. 특히 신앙의 권태기에 접어든 사람들의 특징이 바로 그것이다. 그들은 주님께서 주신 영광스럽고 신령한 복을 대수롭지 않게 여기고 살아간다. 주님의 사랑 이야기, 주님의 구원 이야기, 주님이 주시는 축복과 영생의 이야기에 너무 익숙해져 있어서 그것들이 너무도 하찮게 느껴지는 것이다. 그래서 주님의 은혜와 복음을 감격으로 누리는 삶이 자취를 감추고 마는 것이다.

일반화하기는 어렵겠지만 대부분의 모태 신앙의 약점이 바로 여기에 있다고 할 수 있다. 그들은 태어나면서부터 기독교 복음을 자동적으로 알게 되었고, 신앙을 관습(습관적)으로 익혀 왔다. 또 그들에게는 더 이상 예수님의 사랑, 은혜, 십자가, 부활, 승천 그리고 승리의 메시지가 가슴을 뛰게 하지 못한다. 어찌 보면 이것은 은혜의 복음만으로 신앙을 건설한 사람들의 위험성일 수 있다. 거기에는 기독교의 복음이 내가 현재 갖는 것에 플러스 알파(일종의 보너스)로 주어지는 것에 지나지 않는다. 있으면 좋고 없어도 불편하지 않은 보너스다. 이렇게 주님을 붙잡은 사람이 지속적으로 주님께 감동하고 언제나 새 노래로 그분 앞에 나아가는 것은 어려운 일이다. 간헐적으로 그 사랑을 누리고 감격하는 것이 전부일 뿐이다.

이러한 생기가 없고 감동이 사라진 삶을 극복하려면 하나님의 진노를 먼저 만나야 한다. 하나님의 진노를 먼저 만날 때, 그리고 그것을 묵상함으로써 끊임없이 내 것으로 현재화시킬 때 현재적인 복음의 감격과 위대함에 화답하는 삶을 살아갈 수 있는 것이다.

포도 추수의 장면은 주님 없는 인생들이 맞이하게 될 비참한 운명이 어떤 것인지를 그림으로 보여준다. 이러한 맹렬한 하나님의 진노가 우리 마음에 깊이 내면화될 때, 우리가 가진 주님 안에 있는 복이 얼마나 귀한 것이고 얼마나 위대한 것인지를 확인하면서 감사하는 것이다. 하나님의 무서운 진노는 우리가 그 진노의 반대편에 서 있는 자의 운명으로 살아가는 것에 감격하게 만든다. 마치 배부른 사람이 배불리 먹는 것이 얼마나 감사한 일인지를 모르다가 며칠을 굶거나 기근으로 고생하는 사람들의 배고픔을 목도하고 나서 자신이 배불리 먹고 살았다는 것에 대해 주님께 감사 찬양하고 배고픈 자들을 위해 할 일을 찾는 것과 같다.

사도 바울은 이 사실을 안 사람이다. 그는 먼저 죄의 실상과 죄의 증상 아래 있는 유대인들과 이방인들 그리고 전 인류의 모습을 적나라하게 드러내는 것으로부터 시작했다. 우리는 죄의 종으로 살다가 사라지는 인생으로 끝나려나? '그리스도의 한 의'를 선포하시고 '그리스도의 의'가 죄의 심각성을 토로하는 죄론을 배경으로 하기 때문에 그것이 바로 우리 죄인들이 붙잡아야 할 희망이 되고, 누려야 할 감동이 된다. 사죄의 은총을 아는 자로서의 삶의 터전이 신자가 걷는 고난의 길이요, 더 큰 보람과 감격을 만들어 낼 수 있는 길이 기도이다.

7. 인봉된 인을 뗄 자(계 5장)

"내가 보매 보좌에 앉으신 이의 오른손에 책이 있으니 안팎으로 썼고 일곱 인으로 봉하였더라 또 보매 힘있는 천사가 큰 음성으로 외치기를 누가 책을 펴며 그 인을 떼기에 합당하냐 하니 하늘 위에나 땅 위에나 땅 아래에 능히 책을 펴거나 보거나 할 이가 없더라 이 책을 펴거나 보거나 하기에 합당한 자가 보이지 않기로 내가 크게 울었더니 장로 중에 하나가 내게 말하되 울지 말라 유대 지파의 사자 다윗의 뿌리가 이기었으니 이 책과 그 일곱 인을 떼시리라 하더라 내가 또 보니 보좌와 네 생물과 장로들 사이에 어린 양이 섰는데 일찍 죽임을 당한 것 같더라 일곱 뿔과 일곱 눈이 있으니 이 눈은 온 땅에 보내심을 입은 하나님의 일곱 영이더라 어린 양이 나아와서 보좌에 앉으신 이의 오른손에서 책을 취하시니라 책을 취하시매 네 생물과 이십사 장로들이 어린 양 앞에 엎드려 각각 거문고와 향이 가득한 금대접을 가졌으니 이 향은 성도의 기도들이라 새 노래를 노래하여 가로되 책을 가지시고 그 인봉을 떼기에 합당하시도다 일찍 죽임을 당하사 각 족속과 방언과 백성과 나라 가운데서 사람들을 피로 사서 하나님께 드리시고 저희로 우리 하나님 앞에서 나라와 제사장을 삼으셨으니 저희가 땅에서 왕 노릇 하리로다 하더라 내가 또 보고 들으매 보좌와 생물들과 장로들을 둘러선 많은 천사의 음성이 있으니 그 수가 만만이요 천천이라 큰 음성으로 가로되 죽임을 당하신 어린 양이 능력과 부와 지혜와 힘과 존귀와 영광과 찬송을 받으시기에 합당하도다 하더라 내가 또 들으니 하늘 위에와 땅 위에와 땅 아래와 바다 위에와 또 그 가운데 모든 만물이 가로되 보좌에 앉으신 이와 어린 양에게 찬송과 존귀와 영광과 능력을 세세토록 돌릴지어다 하니 네 생물이 가로되 아멘 하고 장로들은 엎드려 경배하더라"(계 5:1-14).

보좌에 앉으신 하나님의 오른손에 한 권의 책이 안팎으로 쓰여 있고 인봉되어 볼 수 없게 되어 있었다. 오른손은 이미 승리의 손을 의미한다. 여기에서 책은 앞으로 이루어질 계시의 기록이며, 종말의 성도들이 승리할 수 있게 하실 말씀들이 쓰여져 있다. 이것이 승리의 오른손에 쥐어져 있다. 인봉된 책은 완전히 닫혀진 모습을 보여준다(단 12:4). 때가 되면 하나님이 이 인봉된 말씀을 열어 주신다는 것이다.

요한이 보매 힘있는 천사가 큰 음성으로 그 누가 이 인봉한 책을 펴며 그 인을 떼기에 합당한 자냐고 외친다(계 5:2). 하늘 위에나, 땅 위에나, 땅 아래에 있는 어느 누구라도 능히 이 책을 펴거나 볼 수 있는 자가 없으므로(계 5:3), 즉 이 인을 뗄 자가 없으므로 절망하고 통곡(계 5:4)할 때에 장로 중에 하나가 요한에게 그 한 사람을 소개한다. 그분은 유대 지파의 사자 다윗의 뿌리요(계 5:5; 사 11:10), 여자의 후손(창 3:15)으로 오신 예수 그리스도이시다(요 16:33). 그리고 일곱 인을 뗄 자는 오직 예수 그리스도라고 말한다(계 5:5).

인 뗄 자의 모습은 네 생물이나 장로들 사이에 계시며, 인 뗄 자의 권세는 일곱 뿔로 완전한 권세와 완전한 능력을 상징하며, 일곱 눈은 온 땅에 보내심을 입은 하나님의 일곱 영이었다. 인을 뗄 예수님은 권세와 영적 능력을 가지신 분이심을 말한다(계 5:6).

또한 24장로의 예배를 보여주신다(계 5:6-10). 어린 양(예수님)이 나아와서 보좌에 앉으시며 오른손에 책을 취하시매 네 생물과 24장로들이 어린 양 앞에 엎드려서 각각 거문고로 찬양하며 성도의 기도(향이 가득한)로 책을 취하신 예수님을 찬양하고 경배하는 것을 보여준다.

보좌에 앉으신 이의 오른손에 놓여 있는 두루마리는 진노와 심판에 관한 내용을 다룰 뿐만 아니라, 하나님의 최종적인 구속의 완성과 그로 인한 하나님 백성의 승리에 대한 내용을 담고 있다. 아직까지는 일곱 인으로 철저하게 봉해져 있지만, 예수 그리스도를 통해서 이 책의 인들이 열릴 것이고, 악인들은 심판을 받을 것이며, 의인들은 승리케 하시는 역사가 이루어질 것이다.

> "내가 보니 한 손이 나를 향하여 펴지고 그 손에 두루마리 책이 있더라 그가 그것을 내 앞에 펴시니 그 안팎에 글이 있는데 애가와 애곡과 재앙의 말이 기록되었더라"(겔 2:9-10).

성도의 새 찬송은 인봉된 이 책을 뗄 자가 없었는데 이것을 취하여 그 인봉을 떼기에 합당하신 이를 찬양하며 우리의 구원을 이루신 예수 그리스도를 높이는 성삼위 하나님을 찬양하는 것이다(계 5:9-10).

> "내가 또 보고 들으매 보좌와 생물들과 장로들을 둘러 선 많은 천사의 음성이 있으니 그 수가 만만이요 천천이라 큰 음성으로 가로되 죽임을 당하신 어린 양이 능력과 부와 지혜와 힘과 존귀와 영광과 찬송을 받으시기에 합당하도다 하더라" (계 5:11-12).

> "내가 또 들으니 하늘 위에와 땅 위에와 땅 아래와 바다 위에와 또 그 가운데 모든 만물이 가로되 보좌에 앉으신 이와 어린 양에게 찬송과 존귀와 영광과 능력을 세세토록 돌릴지어다 하니"(계 5:13).

이때 네 생물은 아멘으로 화답하고 장로들은 엎드려 경배와 찬양을 드리니라(계 5:14).

인봉된 책으로 인한 요한의 눈물과 응답으로 주님을 간절히 보기를 원하는 요한의 눈에 먼저 들어온 것은 보좌에 앉으신 이의 오른손에 들려 있는 인봉된 책일 것이다. 먼저 보좌에 앉으신 이의 오른손에 책이 있다는 부분에 주목해야 한다. 오른손은 주권과 능력을 상징한다. 책의 내용이 이제 곧 전개될 미래의 사건들을 담고 있다는 점을 감안해 본다면, 오른손에 책이 있다는 것은 하나님이 역사의 미래를 주권적으로 결정하는 분이시라는 의미를 나타낸다.

하나님의 주권적인 결정에 의해서 진행될 내용들을 담는 두루마리의 책은 안팎으로 빽빽하게 쓰여 있다. 두루마리 책이 안팎으로 쓰여 있다는 것은 더하거나 뺄 것이 없게끔 상세하게 기록되어 있다는 것을 암시한다. 두루마리 책은 구약적 배경 속에서 그 모양과 성격을 보다 풍성히 설명할 수 있다. 요한계시록 5장의 두루마리 모양은 구약성경 출애굽기 32장 15-16절에도 나타나 있듯이, 하나님이 모세에게 허락하신 증거의 두 돌판이 양면으로 이편 저편에 글자가 쓰여져(하나님이 쓰셔서 판에 새기신) 있었던 것을 떠올리게 한다.

8. 대환란 시작(계 6장)

1) 바다에서 올라온 짐승 적그리스도(계 13장)

"내가 보니 바다에서 한 짐승이 나오는데 뿔이 열이요 머리가 일곱이라 그 뿔에는 열 면류관이 있고 그 머리들에는 참람된 이름들이 있더라 내가 본 짐승은 표범과 비슷하고 그 발은 곰의 발 같고 그 입은 사자의 입 같은데 용이 자기의 능력과 보좌와 큰 권세를 그에게 주었더라 그의 머리 하나가 상하여 죽게 된 것 같더니 그 죽게 되었던 상처가 나으매 온 땅이 이상히 여겨 짐승을 따르고 용이 짐승에게 권세를 주므로 용에게 경배하며 짐승에게 경배하여 가로되 누가 이 짐승과 같으뇨 누가 능히 이로 더불어 싸우리요 하더라 또 짐승이 큰 말과 참람된 말 하는 입을 받고 또 마흔두 달 일할 권세를 받으니라 짐승이 입을 벌려 하나님을 향하여 훼방하되 그의 이름과 그의 장막 곧 하늘에 거하는 자들을 훼방하더라 또 권세를 받아 성도들과 싸워 이기게 되고 각 족속과 백성과 방언과 나라를 다스리는 권세를 받으니 죽임을 당한 어린 양의 생명책에 창세 이후로 녹명되지 못하고 이 땅에 사는 자들은 다 짐승에게 경배하리라 누구든지 귀가 있거든 들을지어다 사로잡는 자는 사로잡힐 것이요 칼에 죽이는 자는 자기도 마땅히 칼에 죽으리니 성도들의 인내와 믿음이 여기

있느니라"(계 13:1-10).

사도 요한이 보니 바다에서(세상을 상징, 세상을 뜻함) 한 짐승(적그리스도)이 나오는데, 한 짐승은 북방 중에(북방 왕국 중에) 마지막 왕으로 적그리스도이다(단 11:21-33, 36-39, 9:27). 세상에서 나온 이 적그리스도는 막강한 권세를 가진 자이며, 그 권세를 열의 나라(10개국)에서 얻을 것이다(계 17:12). 일곱 머리는 일곱 국가의 왕을 말하며, 일곱 국가는 애굽, 앗수르, 바벨론, 메대-바사, 헬라, 로마, 유럽 연합(단 2:1-43, 7:1-25, 8:20-25)을 상징하며, 열 면류관은 영광을 상징한다. 열은 만수요, 세상 모든 자 위에 뛰어나 자존하며 영광을 가지려는 것을 보여준다(살후 2:4). 그리고 참람된 이름들이 가득하게 기록된 머리는 종교다원주의로 배교사상을 지니고 있다. 이 짐승 적그리스도는 멸망의 가증한 것 곧 불법의 사람, 흰 말, 언약을 굳게 세운 자, 여덟째 왕, 이방인의 마지막 왕이다(마 24:15; 살후 2:3; 계 6:2, 13:1, 17:11; 단 9:27, 11:1-35).

"저는 대적하는 자라 범사에 일컫는 하나님이나 숭배함을 받는 자 위에 뛰어나 자존하여 하나님 성전에 앉아 자기를 보여 하나님이라 하느니라"(살후 2:4).

"네가 보던 열 뿔은 열 왕이니 아직 나라를 얻지 못하였으나 다만 짐승으로 더불어 임금처럼 권세를 일시 동안 받으리라"(계 17:12).

요한이 본 짐승은 등에 새의 날개 넷이 있는 표범 같은 헬라 제국을(단 7:6), 둘째는 곰과 같은데 그 입의 잇사이에는 세 갈빗대가 물린 바사 제국을(단 7:5), 첫째는 사자와 같은데 독수리의 날개가 있는 바벨론 제국을(단 7:4), 그다음에 본 넷째 짐승은 철같이 강하고 무서운 짐승으로 로마 제국(단 7:7)에 속해 있으며, 그 철 이로 먹고 부숴뜨리고 발로 밟을 것이다.

만수인 열 나라(10개국)가 곧 열 뿔이며, 용이 그 짐승에게 권세를 주었더라(계 13:2). 이 적그리스도는 하나님께 드리는 경배를 모방하여 모든 사람이 자기에게 경배하도록 할 것이다(계 13:3-4; 단 7:21-25). 이 짐승 적그리스도의 입에는(큰 말과 참람된 말을 하는 입을 받고) 악한 권세를 받아 참람된 종교다원주의의 배교신앙이 나오므로(단 7:8; 계 13:5) 엄청난 비진리를 외치게 되며, 하나님의 진리의 말씀을 핍박하고 훼방할 것이다(계 13:5). 이런 권세를 받은 적그리스도는 성도들로 진리의 말씀을 못 믿게 할 뿐만 아니라 싸워서 이기게 하고 많은 성도들을 배교시킬 것이요, 세상에서 각 족속과 각 백성과 임금들과 각각 다른 말을 하는 나라들을 다스리는 권세를 받아 마흔두 달(42개월) 동안 짐승 적그리스도에게 경배하게 할 것이다(계 13:7).

하나님께서는 사랑이시고(요일 4:8), 창세 전에 인간을 사랑의 대상으로 삼으셨으며(엡 1:4), 내 형질이 생기기 전에 나를 보셨고 나를 위해 정한 날이 하나도 되기 전에 주의 책에 기록해 놓으셨다(시 139:16). 그러나 많은 사람들 가운데 비진리로 배교하는 자들은 적그리스도를 경배할 것이요, 창세 전에 주의 책에 기록된 그 이름들이 없어질 것이다(출 32:33; 계 13:8). 그 이름이 주의 책(생명책)에서 흐리게(지워 버리다, 출 32:32 하) 되었다(계 3:5). 이 비진리에 배교하지 않은 자들은 짐승에게 경배하지 않을 것이요, 주의 책(생명책, 계 20:15)에 그들의 이름이(나의 이름이) 거룩한 자로 녹명(기록, 기재)되어 있을 것이다(사 4:3).

귀 있는 자는 들을지어다(계 2:7, 11, 17, 29, 3:6, 13, 22). 이렇게 예수님께서는 성령이 교회들에게 하시는 말씀을 들으라고 하신다. 짐승 적그리스도 앞에 성도들이 사로잡히게 될 것이요, 또 칼로 죽이는 성도들과 같이 적그리스도의 잔포함이, 홍수에 엄몰됨으로 정한 종말까지 쏟아질 것이다. 그러므로 짐승의 칼 앞에서 참 성도들의 믿음이 참 인내와 소망으로 끝까지 견디는 자는 구원을 얻을 것이다(마 24:13). 다시 말해서, 우리는 그리스도의 신부로서 어떤 고난이나 고통도 인내로 이겨 정결한 그리스도의 신부가 되어야 할 것이다(도표 Ⅲ-8).

적그리스도가 행하는 일들

적그리스도가 행하는 일들
열 왕으로부터 능력과 권세를 받음(계 17:12-13)
온 세계를 다스림(계 13:1-18)
붉은 용(계 12:2-4)
짐승에게 경배하게 함(계 13:11-12)
짐승에게 경배하는 자에게 표를 줌(계 13:16, 14:9-11)
짐승표를 받는 자는 헌데가 생김(계 16:2)
용의 입과 짐승의 입과 거짓 선지자의 입에서 세 더러운 영이 나옴(계 16:13)
짐승은 전쟁을 일으킴(계 16:14)
세상의 부요와 사치(계 17:2-6)
짐승과 거짓 선지자가 유황 불못에 던져짐(계 19:20)
마귀와 사탄이 불과 유황 불에 던져짐(계 20:10)

〈도표 Ⅲ-8〉

(1) 다니엘서에 나타난 금신상과 뜨인 돌

다니엘 2장 28-45절은 적그리스도가 나오는 길을 예언하고 있다. 다니엘은 바벨론에 포로로 잡혀갔다. 바벨론의 느부갓네살 왕이 꿈을 꾸었는데 그것으로 인해 번뇌하는 중 박수, 술수, 술객, 점쟁이들을 총동원하여 그 꿈을 풀려 했지만 알아내지 못했다. 왕이 꿈을 알아내지 못한 이들을 죽이라고 명하였는데 그 속에 다니엘도 포함되어 있었다(단 2:12-13). 그때 다니엘과 그의 세 친구 사드락과 메삭과 아벳느고가 바벨론 박사들과 함께 죽지 않게 해달라고 기도하자(단 2:18) 그날 밤 은밀한 중에 하나님이 다니엘에게 나타나

시어(단 2:19) 그 이상을 보여주셨다. 그 후 다니엘이 왕의 꿈을 해석하여 후일에 왕에게 될 일을 알려줌으로써 느부갓네살 왕이 세계의 역사를 보게 되었다. 느부갓네살 왕의 꿈은 다음과 같았다.

> "왕이여 왕이 한 큰 신상을 보셨나이다 그 신상이 왕의 앞에 섰는데 크고 광채가 특심하며 그 모양이 심히 두려우니 그 우상의 머리는 정금이요 가슴과 팔들은 은이요 배와 넓적다리는 놋이요 그 종아리는 철이요 그 발은 얼마는 철이요 얼마는 진흙이었나이다 또 왕이 보신즉 사람의 손으로 하지 아니하고 뜨인 돌이 신상의 철과 진흙의 발을 쳐서 부숴뜨리매 때에 철과 진흙과 놋과 은과 금이 다 부숴져 여름 타작 마당의 겨같이 되어 바람에 불려 간 곳이 없었고 우상을 친 돌은 태산을 이루어 온 세계에 가득하였었나이다"(단 2:31-35).

다니엘은 느부갓네살 왕에게 이렇게 아뢰었다.

> "오직 은밀한 것을 나타내실 자는 하늘에 계신 하나님이시라 그가 느부갓네살 왕에게 후일에 될 일을 알게 하셨나이다 왕의 꿈 곧 왕이 침상에서 뇌 속으로 받은 이상은 이러하니이다 왕이여 왕이 침상에 나아가서 장래 일을 생각하실 때에 은밀한 것을 나타내시는 이가 장래 일을 왕에게 알게 하셨사오며 내게 이 은밀한 것을 나타내

심은 내 지혜가 다른 인생보다 나은 것이 아니라 오직 그 해석을 왕에게 알려서 왕의 마음으로 생각하던 것을 왕으로 알게 하려 하심이니이다"(단 2:28-30).

"왕이여 왕은 열왕의 왕이시라 하늘의 하나님이 나라와 권세와 능력과 영광을 왕에게 주셨고 인생들과 들짐승과 공중의 새들, 어느 곳에 있는 것을 무론하고 그것들을 왕의 손에 붙이사 다 다스리게 하셨으니 왕은 곧 그 금머리니이다 왕의 후에 왕만 못한 다른 나라가 일어날 것이요 셋째로 또 놋 같은 나라가 일어나서 온 세계를 다스릴 것이며 넷째 나라는 강하기가 철 같으리니 철은 모든 물건을 부숴뜨리고 이기는 것이라 철이 모든 것을 부수는 것같이 그 나라가 뭇 나라를 부숴뜨리고 빻을 것이며 왕께서 그 발과 발가락이 얼마는 토기장이의 진흙이요 얼마는 철인 것을 보셨은즉 그 나라가 나누일 것이며 왕께서 철과 진흙이 섞인 것을 보셨은즉 그 나라가 철의 든든함이 있을 것이나 그 발가락이 얼마는 철이요 얼마는 진흙인즉 그 나라가 얼마는 든든하고 얼마는 부숴질 만할 것이며 왕께서 철과 진흙이 섞인 것을 보셨은즉 그들이 다른 인종과 서로 섞일 것이나 피차에 합하지 아니함이 철과 진흙이 합하지 않음과 같으리이다 이 열왕의 때에 하늘의 하나님이 한 나라를 세우시리니 이것은 영원히 망하지도 아니할 것이요 그 국권이 다른 백성에게로 돌아가지도 아니할 것이요 도리어 이 모든 나라를 쳐서 멸하고 영원히 설 것이라 왕이 사람의 손으로 아니하고 산에서 뜨인 돌이 철과 놋과 진흙과 은과 금을 부숴뜨린 것을 보신 것은 크신 하나님이 장래 일을 왕께 알게 하신 것이라 이 꿈이 참되고 이 해석이 확실하니이다"(단 2:37-45).

그 후 다니엘이 느부갓네살 왕의 꿈을 해석함으로 느부갓네살 왕이 세계의 역사를 한눈에 볼 수 있게 되었다. 따라서 왕이 미래에 일어날 일들을 알게 되었다. 그 미래에 될 일들을 성경학자들은 이미 구약시대에 일어난 것으로 해석하기도 하고, 초림 예수로 보는 해석도 있으며, 주님 재림으로 보는 해석도 있다.

다니엘 2장 31-35절 말씀은 미래의 일, 장차 세상에 일어날 일로서 느부갓네살 왕의 꿈을 통해 하나님은 미래의 세계 역사를 보여주셨다. 마지막 발의 국가는 새로 일어나는 유럽 연합 시대의 모습이며, 주님의 재림이 얼마나 임박해 있는지 금신상의 비밀에 담겨 있다.

① 그 우상의 머리는 정금이요

"그 우상의 머리는 정금이요…" (단 2:32).

솔로몬 왕정시대 후 주전 931년에 이스라엘과 유다 왕국으로 분리되고, 이스라엘 왕국은 강성한 앗수르 제국에 의해 주전 722년에 완전히 멸망한다. 그 후 바벨론 제국이 강성해져서 앗수르 점령 지역과 유다 왕국을 주전 606년부터 1차, 2차, 3차에 걸쳐 침공하여 많은 포로를 잡아가고, 주전 586년에 성전을 완전히 파괴시킨다.

주전 605년 1차 포로 때 다니엘과 그 세 친구(메삭, 사드락, 아벳느고)가 잡혀가서 느부갓네살 왕궁에 거하게 되었다. 느부갓네살 왕 2년에 느부갓네살 왕이 금신상의 꿈을 꾸고 이 꿈을 다니엘이 해석했는데 왕은 열 왕의 왕이시고, 하늘의 하나님이 나라와 권세와 능력과 영광을 왕에게 주셨고, 인생들과 짐승들과 공중의 새들을 왕의 손에 붙이시고 다스리게 하셨으니 느부갓네살 왕은 곧 꿈의 금머리라고 했다(단 2:37-38).

금머리는 곧 앗수르 제국의 점령 지역인 유대 지역을 점령하고 다스리게 된 바벨론 제국의 느부갓네살 왕을 의미한다.

② 가슴과 팔들은 은이요

"…가슴과 팔들은 은이요…"(단 2:32).

"왕의 후에 왕만 못한 다른 나라가 일어날 것이요…"(단 2:39)라고 꿈을 해석한 다니엘은 바벨론이 약해지고 은과 같은 강대국이 나타나게 될 것이라고 하였다. 강성한 페르시아(바사) 제국이 나타나서 주전 539년에 바벨론 제국을 무너뜨리고 점령하고, 고레스 왕의 칙령(사 44:28)으로 바벨론의 포로로 잡혀갔던 유대인들은 주전 536년, 457년, 445년 3차에 걸쳐서 귀환하여 예루살렘 성을 중건하게 된다(사 44:28). 페르시아의 고레스 왕은 바벨론 왕보다 유대인에게 호의적이었다.

③ 배와 넓적다리는 놋이요

"…배와 넓적다리는 놋이요"(단 2:32).

다니엘은 놋과 같은 나라가 일어나 온 세계를 다스릴 것이라고 해석했다(단 2:39 하). 페르시아 제국이 약해지고 헬라 제국이 강성해지자 주전 331년에 헬라가 페르시아 제국을 점령하고 세계를 다스리게 되었다. 헬라 제국은 철저한 헬라 정책으로 정복하는 곳마다 헬라어를 가르침으로 헬라어가 3대 대륙의 공통어가 되었다.

④ 그 종아리는 철이요

"그 종아리는 철이요…"(단 2:33).

넷째 나라는 강하기가 철 같으리니 철은 물건을 부숴뜨리고 이기는 것이라고 다니엘은 해석했다. 철이 모든 것을 부수는 것같이 그 나라가 뭇 나라를 부숴뜨리고 빻을 것이라고 해석한 것이다(단 2:40). 이후 헬라 제국이 약해지고 강성한 철과 같은 나라 로마 제국이 헬라 제국을 점령한다. 로마 제국은 주전 63년경에 예루살렘을 정복하고 사마리아, 갈릴리, 베뢰아 지역을 유대 행정 구역으로 정하고 후에 헤롯을 유대 총독으로 세운다. 로마 제국은 점령하는 곳마다 도로망을 설치하여 모든 지역을 로마로 향하게 함으로 전쟁에 유리하도록 하였다. 로마(지금 이탈리아 지역)는 철의 문화가 발달되고 중동과 아시아를 점령한 강한 제국이 되었다.

로마 제국은 강한 나라였으나 "…그 나라가 나누일 것이며…"(단 2:41)라는 예언의 말씀처럼 주후 400년경에 데오도시우스 황제의 두 아들로 인해 동로마와 서로마로 갈라지게 된다. 서로마는 게르만 민족에 의해 주후 476년에 멸망하였고, 동로마는 이슬람의 공격에 의해서 주후 1453년에 멸망하였다. 바로 이 기간이 중세의 암흑기요, 앞으로 예언의 상징은 진흙발(단 2:33)이 된다. 그것은 철과 진흙이 합하지 않음과 같기 때문이다. 또 앞으로 예언의 상징인 철과 발(단 2:33)의 나라들은 유럽 연합 국가의 열 발가락 시대의 열 나라들이다.

이렇게 금신상의 상징은 금, 은, 동, 철, 진흙으로 나오는데 역사가 흐르면 흐를수록 세상 나라가 무너지는 불안정한 모습을 보여준다. '금머리'는 금을 많이 사용한 바벨론을 상징하며, 가슴과 팔의 "은"은 돈을 은으로 사용했던 페르시아(바사)를 상징하며, 배와 넓적다리는 "놋"이요 놋은 놋으로 각종 무기를 만들어 광활한 통일국가를 형성한 헬라 제국을 상징하며, '종아리의 철'은 철로 각종 무기 등을 사용했던 로마 제국을 상징한다. 이 금신상의 비밀은 대단한 미래의 일이었고, 다 성취된 역사적인 사실이다.

⑤ 발은 얼마는 철이요 얼마는 흙이라

"…그 발은 얼마는 철이요 얼마는 진흙이었나이다"(단 2:33).

"왕께서 그 발과 발가락이 얼마는 토기장이의 진흙이요 얼마는 철인 것을 보셨은즉 그 나라가 나누일 것이며 왕께서 철과 진흙이 섞인 것을 보셨은즉 그 나라가 철의 든든함이 있을 것이나 그 발가락이 얼마는 철이요 얼마는 진흙인즉 그 나라가 얼마는 든든하고 얼마는 부숴질 만할 것이며 왕께서 철과 진흙이 섞인 것을 보셨은즉 그들이 다른 인종과 서로 섞일 것이나 피차에 합하지 아니함이 철과 진흙이 합하지 않음과 같으리이다 이 열왕의 때에 하늘의 하나님이 한 나라를 세우시리니 이것은 영원히 망하지도 아니할 것이요 그 국권이 다른 백성에게로 돌아가지도 아니할 것이요 도리어 이 모든 나라를 쳐서 멸하고 영원히 설 것이라"(단 2:41-44).

다니엘의 꿈의 해석에서 얼마는 진흙이요 얼마는 철이라(단 2:42) 한 것으로 보아 종아리(로마 제국) 국가와 발의 국가가 각각 다른 나라임을 알 수 있다. 분명히 발에 해당하는 국가는 아직 이르지 아니한 나라(계 17:10)이기 때문이다. 그러므로 바벨론, 페르시아, 헬라, 로마 제국이 아닌 주님의 재림 직전에 나타나게 될 열 왕의 때에 "…다른 이는 아직 이르지 아니하였으나 이르면 반드시 잠깐 동안 계속하리라"(계 17:10)고 하였다. 바로 이 한 나라가 적그리스도를 배출할 나라요, 이 자가 곧 범사에 불법으로 대적할 자이다.

"저로 하여금 저의 때에 나타나게 하려 하여 막는 것을 지금도 너희가 아나니 불법의 비밀이 이미 활동하였으나 지금 막는 자가 있어 그중에서 옮길 때까지 하리라"(살후 2:6-7).

또한 다니엘은 열국인 넷째 나라가 로마 제국의 영토에서 나타나게 될 것을 예고했는데(단 7:23-24), 21세기 현재 유럽 연합(EU) 국가들의 위치는 네 번째 로마 제국의 영토였다는 놀라운 사실이다. 이 지역에 든든하고 얼마는 부숴질 만한 나라가 공존하는데(단 2:42), 철과 흙이 섞인 것이 다른 인종과 섞여질 것이라고 다니엘은 해석했다(단 2:43). 그들 나라는 역사적으로 도저히 합쳐질 수가 없었지만 군사적으로나 경제적으로 합쳐야 할 필요성이 절실하고 정치적 단일 통합이 되어야 하기 때문이다. 2007년 현재로 27개국이 유럽 연합국으로 형성되었고 단일 대통령도 선출되었다.

⑥ 뜨인 돌의 심판

"왕이 사람의 손으로 아니하고 산에서 뜨인 돌이 철과 놋과 진흙과 은과 금을 부숴뜨린 것을 보신 것은 크신 하나님이 장래 일을 왕께 알게 하신 것이라 이 꿈이 참되고 이 해석이 확실하니이다"(단 2:45).

뜨인 돌은 예수님 재림으로서 배교와 불신앙으로 예수 그리스도를 적대시하고 배척한 적그리스도 국가를 종말에 주님이 재림하셔서 심판하실 것을 나타낸다. 주님께서 백마를 타고 오실 때 그의 입에서 한 검이 나와 그것으로 만국을 치겠고, 친히 저희를 철장으로 다스리며, 또 친히 하나님 곧 전능하신 이의 맹렬한 진노의 포도주 틀이 밟겠고(계 19:14-15), 이 세상은 망하나 그리스도의 나라가 세워질 것이다(단 2:44). 하나님이 세우신 한 나라는 영원히 망하지도 않을 뿐 아니라 모든 나라를 쳐서 영원히 설 것이며, 만왕의 왕이신 예수 그리스도가 통치하시므로 천년왕국이 이루어진다(계 20:1-6).

(2) 다니엘 9장 27절의 예언에 의하면

바다에서 나오는 일곱 머리 열 뿔을 가진 짐승은 장차 될 일인데(계 13:1), 다니엘의 예언에서 바다는 세상을 상징한다. 바다로부터 나오는 짐승이 마지막 대환란 때 한 짐승 적그리스도로 묘사되고 있다.

바다에서 올라온 짐승은 하나님을 대적하고(계 13:6), 예수님을 대적하고 싸우며(계 17:13-14), 멸망의 가증한 것이 거룩한 곳에 선 것을 볼 것이라고 하였다(마 24:15).

> "그가 장차 많은 사람으로 더불어 한 이레 동안의 언약을 굳게 정하겠고 그가 그 이레의 절반에 제사와 예물을 금지할 것이며 또 잔포하여 미운 물건이 날개를 의지하여 설 것이며 또 이미 정한 종말까지 진노가 황폐케 하는 자에게 쏟아지리라 하였느니라"(단 9:27).

또 멸망의 가증한 것이 거룩한 곳에 선 것을 보거든(읽는 자는 깨달을진저, 마 24:15) 먼저 배도하는 일이 있고, 저 불법의 사람 곧 멸망의 아들이 나타나매(살후 2:3) 이것이 종말의 최대 징조로 곧 적그리스도임을 말한다.

① 한 이레의 조약을 맺을 자

한 이레를 맺을 적그리스도의 언약의 내용은 재난의 시작이다(마 24:8). 다니엘이 먼저 9장 27절에서 마지막 한 이레의 언약을 말하였는데, 그 이레의 절반은 언약을 파괴하는 것이요, 이레 끝에는 정한 종말이 칠십 이레가 되고 이스라엘 역사가 끝이 난다. 예수님의 예언의 말씀인 마태복음 24장 4-31절에서 첫 이레는 대환란의 시작이요(마 24:8), 이레 절반에는 멸망의 가증한 것이 거룩한 곳에 선 것을 볼 것이며 그것은 대환란의 중간이다(마 24:15). 한 이레의 끝은 대환란의 종료(마치는) 부분이다. 해가 어두워지고 달이 빛을 내지 아니하며 하늘의 권능이 흔들리면서 주님이 곧장 재림하신다(마 24:29, 도표 Ⅲ-8).

② 열 뿔 사이에서 나온 작은 뿔

다니엘이 본 이상에서 사자와 같은 짐승은 바벨론을 상징하며, 곰과 같은 짐승은 바사를 상징하고, 표범 같은 짐승은 헬라를 상징하는가 하면 철 이를 가진 짐승은 바로 로마를 상징하였다. 철 이를 가진 짐승은 열 뿔을 가지고 있고, 이 열 뿔 사이에 작은 한 뿔이 나오는데 곧 적그리스도를 상징한다(단 7:7-8). 이 작은 뿔은 하나님을 대적하며 성도들을 괴롭히는 자이다.

(3) 적그리스도의 모습 - 일곱 머리와 열 뿔을 가짐

사도 요한은 바다에서 나온 일곱 머리와 열 뿔 가진 짐승을 보았다. 이 짐승의 일곱은 여자가 앉은 일곱 산이요, 일곱 왕의 다섯은 망하였으며, 하나는 있고 다른 이는 아직 이르지 아니하였으나 요한계시록 17장 9-13절 말씀에서 분명히 적그리스도를 나타내고 있다. 일곱 왕 중 다섯은 애굽, 앗수르, 바벨론, 메대-바사, 헬라이고 하나는 즉 로마 제국이요, 다른 이는 아직 이르지 아니하였으니 이르면 반드시 잠깐 동안 계속할 것이다(계 17:9-10).

> "…바다에서 한 짐승이 나오는데 뿔이 열이요 머리가 일곱이라 그 뿔에는 열 면류관이 있고 그 머리들에는 참람된 이름들이 있더라" (계 13:1).

바다는 세상이요, 짐승은 세상에서 나와 세상을 통치할 자임을 밝히고 있다(계 17:10-13). 적그리스도의 이름은 불법의 사람이다. 이는 멸망의 아들이요(살후 2:3), 멸망의 가증한 것이 거룩한 곳에 서는 자요(마 24:15), 거짓말하는 자요, 참람된 말을 하고(계 13:5) 하나님을 훼방하며(계 13:6) 성도를 괴롭히는 자이다.

▣ '인 재앙 = 어린 양의 진노'로 들어가면서

요한계시록 6장을 통해 우리가 확실히 알 수 있는 것과 분명히 밝힐 수 있는 것을 확대함으로써 모르는 것, 특히 요한계시록에 있는 사건의 순서와 마태복음에 있는 사건의 순서가 아주 유사함도 보게 된다.

① 전쟁(마 24:6-7; 계 6:3-4) ② 기근(마 24:7; 계 6:5-6) ③ 죽음(마 24:7-9; 계 6:7-8) ④ 순교(마 24:9-10, 16-22; 계 6:9-11) ⑤ 해와 달이 어두워지고 별들이 떨어짐(마 24:29; 계 6:12-14) ⑥ 하나님의 심판(마 24:32-25:46; 계 6:15-17).

이렇게 이 예언들의 도움을 받아서 요한의 상징적인 계시를 해석하고, 해석하기 힘든 것일지라도 풀어 갈 수 있다고 생각한다. 이 재앙들은 어린 양이 일곱 인을 떼시므로 시작되었다. 이것은 어린 양이 하나님의 계획 가운데서 진행하시는 재앙이다. 우리는 이 재앙에 관한 요한계시록 6장을 두려움이 아니라 감사와 감격으로 읽을 수 있어야 한다. 우리는 모르는 것에 집착하지 않고 마음속에 새기면서 구체적으로 이 인 재앙이 포함하고 있는 어린 양의 등장이 갖는 의미가 무엇인지를 풀어 가야 한다. 우리는 그동안 인봉되었던 두루마리가 하나씩 하나씩 열리면서 일곱 가지 인 재앙의 강도가 점진적으로 더해 감을 알 수 있다.

일곱 재앙 시리즈(인, 나팔, 대접)는 제목 그대로 이 세상에 임하게 될 무서운 진노와 심판의 이야기로 읽고 해석이 되지만 전개되는 관점을 따라 읽을 수 있는 가능성이 있다면, 시리즈 각각에서 발견될 근거는 하나님의 백성들을 위한 담대함과 소망이 있다는 메시지이다. 따라서 이 메시지를 찾으려면 우선 요한계시록의 전체 구조를 잘 파악하는 눈이 필요하다.

먼저 일곱 인 재앙의 시리즈를 크게 보면, 일곱 재앙 시리즈가 요한계시록 6-16장까지로 광범위하게 전개될지라도 이 '인 재앙'은 요한계시록의 핵심 부분이 된다. 이 재앙 시리즈들은 하나로 연결되어 있는 전체로서 항상 일곱 번째의 재앙이 열리는 것으로 다음의 재앙들이 나오는 구조로 긴밀하게 연결되어 있다. 일곱 인 재앙(계 6:1-17, 8:1, 3-5), 일곱 나팔 재앙(계 8:1-13, 9:1-21, 10:7, 11:14-19), 일곱 대접 재앙(계 16:1-21), 예비처에서 악과 충돌될 하나님의 백성들(계 12:1-14:20, 15:2-4).

인 재앙의 여섯째 인과 일곱째 인 사이에 요한계시록 7장이 삽입되어 있다. 이 삽입으로 요한계시록의 독자들에게는 이미 고난과 핍박을 극복하고 승리하여 천상에 존재하는 하나님 백성들의 찬양소리가 들린다. 일곱 인 재앙과 관련된 요한계시록 7장의 삽입은 교회를 격려하려는 의도로 삽입되어 있다.

요한계시록 6장의 마지막 구절을 통해 추측할 수 있는 것처럼 이 무서운 인 재앙은 세상만이 아니라 하나님의 백성들의 간담도 서늘하게 했던 것이 분명하다. 두려움의 감정이 교회 공동체에 엄습해 온다. 요한계시록 7장은 그러한 교회 공동체가 흰옷을 입고 승리한 무리가 되어 어린 양과 더불어 승리의 노래를 부르는 장면을 소개함으로써 교회를 위로하는 것이다. 우리는 사탄의 세계에 속한 세상을 향해 쏟아 부어지는 재앙을 다루는 것에만 집중해서는 안 된다. 즉 삽입을 통해 그 시대를 위한 교회의 정체성(identity)과 사명(mission) 그리고 교회의 전투(warfare)가 어떠해야 하는지를 밝히는 성경의 의도에 주목해서 읽어야 한다.

'인'을 뗄 수 있는 자격이 오직 어린 양에게 있다는 사실(어린 양에 의한 집행들)과 피조물을 대표하는 네 생물의 등장은 하나님의 심판이 피조세계의 파괴를 초래한다는 점을 말해 준다. 그 파괴들은 '정복'과 '전쟁', '기근' 그리고 그로 인해 닥치는 '사망'을 통해서 이루어질 것이다.

가급적으로 일방적인 주장을 피하면서 조심스럽게 그 의미를 살펴보면, 일곱 인 재앙이 우리에게 부여하는 영적인 교훈은 우리의 모든 미래가 어린 양이신 주님의 손안에 있다는 것이다. 실상 우리는 미래에 있는 우주적 종말에 대한 구체적인 일정표를 알지 못한다. 세상의 마지막에 구체적으로 어떤 일들이 언제 일어날지는 그 누구도 알 수가 없다. 그것뿐만이 아니라 우리의 개인적인 종말에 대해서도 모르는 것 투성이 아닌가? 정말 무슨 사건들을 만나게 될지, 또 무슨 일들이 펼쳐질지, 언제 쓰라린 고통의 시간에 직면하게 될 것인지 우리는 알지 못한다. 그러나 한 가지 확실히 아는 것이 있다면 우리의 미래가 나를 위해 희생양이 되신 예수님의 계획 아래 있다는 사실이다.

2) 첫째 인 재앙 - 흰 말(계 6장)

"내가 보매 어린 양이 일곱 인 중에 하나를 떼시는 그때에 내가 들으니 네 생물 중에 하나가 우뢰 소리같이 말하되 오라 하기로 내가 이에 보니 흰 말이 있는데 그 탄 자가 활을 가졌고 면류관을 받고 나가서 이기고 또 이기려고 하더라"(계 6:1-2).

교회시대가 끝나고(일곱 교회의 환상 후라는 뜻이다) 하나님이 구원받은 백성들에게 인[하나님의 인(계 7:2-3)]을 치신 후에 대환란이 시작된다. 요한계시록 6장 1-17절에는 세상에서 마지막 왕으로 적그리스도가 나온다(단 11:36-39, 8:23-25, 7:25). 어린 양이 일곱 인 중에 하나를 떼시는 이때는 본격적인 대환란의 시작이요, '인'(여기에서 인은 재앙이다)을 뗀다는 것은 재앙이 시작된다는 것이다(단 9:27; 계 5:5). 예수님께서 첫째 인을 떼셔야만 적그리스도가 나타날 수 있다. 적그리스도는 예수님을 가장한 모습으로 나온다.

첫째 인을 뗄 때 적그리스도는 흰 말을 타고 나온다. ① 예수 그리스도를 모방하고 나온다. ② 적그리스도는 광명의 천사로 자칭하는 사탄의 특성을 지녔고, 사탄의 특성을 물려받은 자이다(고후 11:14-15). ③ 예수님은 불꽃 같은 눈을 가지셨지만 적그리스도는 흰 말을 탄 자로 눈이 없다. ④ 흰 말 탄 자는 활을 가졌고 면류관을 받았더라. ⑤ 흰 말 탄 자는 이기고 또 이기려고 하더라. ⑥ 예수님께서 강림하실 때는 세마포를 입은 많은 군대가 뒤를 따르지만 흰 말 탄 자는 그 따르는 자가 하나도 없다(계 19:14). ⑦ 흰 말 탄 자의 무기는 화살이 없는 활을 가졌다(렘 49:35).

이와 같이 흰 말 탄 자 적그리스도는 예수 그리스도로 가장해서 나온다. 어린 양이 일곱 인 중에 하나를 떼니(계 5:5, 6:1) 흰 말이 있는데, 그 탄 자가 활을 가지고 면류관을 받고 나가서 이기고 또 이기려 하는 것을 요한은 본다(계 6:1-2, 도표 Ⅲ-9, Ⅲ-10).

"내가 이에 보니 흰 말이 있는데 그 탄 자가 활을 가졌고 면류관을 받고 나가서 이기고 또 이기려고 하더라"(계 6:2).

흰 말과 그 탄 자를 보았는데, 탄 자는 활을 가졌고 승리자의 면류관을 가지고(쓰고서) 정복하려 하고 있었다. 이것은 예수 그리스도께서 재림 시에 흰 말을 타고 오신다(계 19:11)는 것을 모방한 것이다. 그리스도는 대환란이 시작되는 때가 아니라 대환란의 끝에 정복자로서 지상에 오신다.

다니엘 9장 26절에 언급되어 있는 백성들의 왕(적그리스도) 그는 화살이 없이 활만 가졌는데, 이는 그가 세우는 세상 정부가 전쟁이 없이 수립될 것이라는 뜻이다(계 13:4). 미래에 있을 세상 정부는 평화의 시대와 함께 시작해서 곧 파괴로 이어짐이 분명하다(살전 5:3).

인 재앙

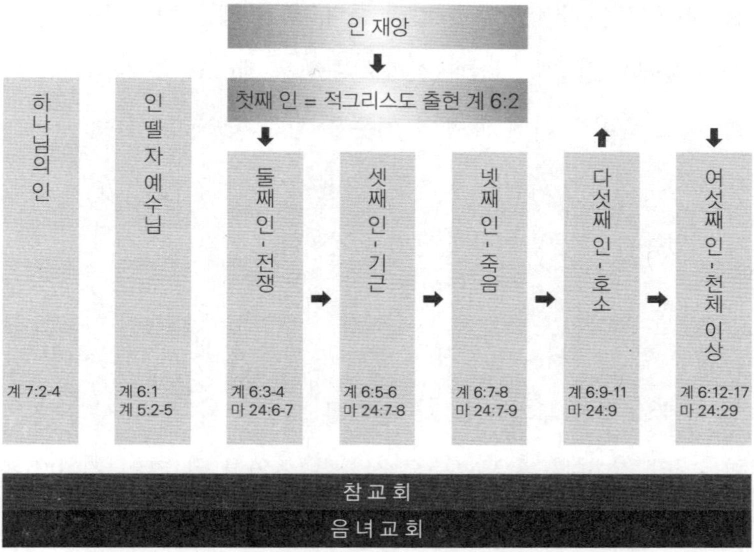

〈도표 Ⅲ-9〉

3) 둘째 인 재앙 - 붉은 말(계 6장)

"둘째 인을 떼실 때에 내가 들으니 둘째 생물이 말하되 오라 하더니 이에 붉은 다른 말이 나오더라 그 탄 자가 허락을 받아 땅에서 화평을 제하여 버리며 서로 죽이게 하고 또 큰 칼을 받았더라"(계 6:3-4).

어린 양이 둘째 인을 뗄 때 붉은 말이 나온다. 붉은색은 전쟁을 상징하며 전쟁의 비참함을 의미한다. 적그리스도의 출현은 죽음의 전쟁이 가까이 다가왔음을 알려 준다. 붉은 말을 탄 자는 허락을 받아 땅에서 전쟁의 비참한 결과로 화평을 제하고, 즉 사라지게 하고, 서로 죽이게 하며, 형제와 이웃을 치게 함으로(슥 14:13; 사 19:2; 마 24:7-10) 철저히 사람을 살육할 것이다. 얼마든지 끈기 있게 얼마가 되었는지 그들의 열심에 달렸을 것이다.

붉은 말 탄 자는 큰 칼을 받았다고 했다(계 6:3-4). 여기서 큰 칼은 어떤 특정한 무기라기보다 현대의 전쟁 무기, 즉 미사일 혹은 핵무기일 것이다. 이 무기들은 상상을 초월한 큰 칼일 것이다(계 6:4). 지금도 국부적으로는 곳곳에서 전쟁이 일어나고 있다. 특히 현대 전쟁은 그 파괴력이 엄청난 기름(원유)전쟁, 경제전쟁, 현대 무기전쟁 등으로 무섭고 혹독한 살육이 도처에서 범람하고 있다(도표 Ⅲ-9).

> "이에 붉은 다른 말이 나오더라 그 탄 자가 허락을 받아 땅에서 화평을 제하여 버리며 서로 죽이게 하고 또 큰 칼을 받았더라"(계 6:4).

요한계시록 6장 3-4절에서 둘째 인을 떼실 때에 내가 들으니 둘째 생물이 말하되 오라 하더니 이에 붉은 다른 말이 나오더라고 했다. 그 탄 자가 땅에서 화평을 제하여 버릴 권세를 받았다. "붉은 용"은 요한계시록 12장 3절에서, "붉은 빛 짐승(큰 붉은 용)"은 요한계시록 17장 3절에서 각각 나타나고 있다.

화살이 없는 활만을 가진 첫 번째 말 탄 자와는 달리(대조적으로) 이 두 번째 말 탄 자는 큰 칼을 받았다고 했는데, 이것은 세계 통치자로서의 정치적 권력을 의미하는 것이요, 군사적으로는 엄청난 파괴력을 가지고 살상할 현대 무기인 핵무기가 될 것이다. 이것은 피 흘리는 전쟁으로 세상에서 점차 화평이 제하여지고 서로 죽이는 일들만 계속된다는 점을 강조하고 있다.

4) 셋째 인 재앙 - 검은 말(계 6장)

"셋째 인을 떼실 때에 내가 들으니 셋째 생물이 말하되 오라 하기로 내가 보니 검은 말이 나오는데 그 탄 자가 손에 저울을 가졌더라 내가 네 생물 사이로서 나는 듯하는 음성을 들으니 가로되 한 데나리온에 밀 한 되요 한 데나리온에 보리 석 되로다 또 감람유와 포도주는 해치 말라 하더라"(계 6:5-6).

흰 말과 붉은 말에 이어 검은 말이 나온다. 검은 말은 기근을 상징한다. 붉은 말로 인해 많은 전쟁이 일어나서 각처에서 기근과 굶주림이 계속 일어날 것이다. 검은 말 탄 자가 나오는데, 그 손에 저울을 가지고 매번 저울에 달아서 배급을 해야 하는 실상을 보여준다(겔 4:10; 계 6:5-6). 이 일은 장차 될 일이며, 예수님이 처처에 기근이 있을 것을 미리 예언하셨다(마 24:7). 한 데나리온은 노동자 한 사람의 품삯이다. 밀 한 되와 보리 석 되를 위해 한 데나리온을 지불한 것은 요한이 말하듯 엄청난 비용이 들 만큼 기근이 심각하다는 것이다. 현재에도 세계 도처에서 기근으로 많은 사람들이 죽어 가고 있다(계 6:5-6).

그다음에는 감람유와 포도주는 해치지 말라는 것이다(계 6:6). 비참한 전쟁으로 모든 것이 파괴되고 기근으로 세계가 엄청난 고난과 곤경에 처해 있을 때 감람유와 포도주는 구원 얻은 성도들을 상징한다. 그러므로 이런 기근과 전쟁의 극한 대환란 속에서도 자기 백성을 향한 하나님의 신실하신 사랑을(요일 4:8) 실천하신다는 계시의 말씀이다. 예수님은 심판의 날에 누구보다도 예수 그리스도께 붙어 있는 자(요 15:1-17), 성전이 된 자들(고전 3:16)을 지키신다는 말씀이다. 예수님은 대환란의 날들을 감해서라도 하나님의 백성들을 구원하신다는 말씀이다(마 24:21-22, 도표 Ⅲ-9).

대 환 란

전삼년반 시작 | 후삼년반 시작 | 후삼년반 끝 | 대환란 끝

마지막 한 이레 시작 | 마지막 한 이레 중간

적그리스도 통치 | 적그리스도 통치

민족이 민족을 대적(마 24:12-14)
적그리스도(계 13:1-5)
둘째 짐승(계 13:11-18)
음녀의 모습(계 17:1-6)
짐승에게 경배(계 13:8)
짐승표 찍음(계 13:16-18)
두 증인(계 11:1-11)
한 이레 동안의 언약을 굳게 정함
(단 9:27)
이스라엘의 회복(계 7:1-8)

재앙
첫째 인 : 적그리스도(계 6:1-2)
둘째 인 : 사람 죽임(계 6:3-4)
셋째 인 : 빈곤과 기근(계 6:5-6)
넷째 인 : 사망(계 6:7-8)
다섯째 인 : 성도들의 고난과 순교
(계 6:9-11)
여섯째 인 : 지진과 하늘 징조
(계 6:12-17)
일곱째 인 : 잠시 조용함(계 8:1-5)
첫째 나팔 : 수목과 땅 1/3이 탐
(계 8:7)
둘째 나팔 : 생물 1/3이 죽음(계 8:8-9)
셋째 나팔 : 물이 1/3이 쓰게됨
(계 8:10-11)
횃불 같은 쑥 별이 떨어짐
넷째 나팔 : 해, 달, 별 1/3이 어두워짐
(계 8:12)

산으로 도망가라(마 24:15-24)
회개하지 못함(계 9:20-21)
예비처(계 12:6,14, 15:2-8)
두 증인 순교(계 11:7-14)
두 증인 3일 반 후에 생기가 저희를
일으킴(부활, 계 11:11-12)
두 증인 구름 타고 올라감(계 11:12)
적그리스도(계 13:1-10, 5)
해 입은 여자 도망(계 12:6)
멸망의 가증한 것(마 24:15-18)
제사와 예물 금지(단 9:27)
짐승을 탄 음녀(계 17,18장)

재앙
다섯째 나팔 : 황충(계 9:1-12)-첫째 화
- 무저갱이 열리고 진리가 없어짐
여섯째 나팔 : 유브라데 전쟁, 사람
1/3 사망(계 9:13-21)-둘째 화
-세상 최후 전쟁 제3차 세계대전

곡식 추수와 포도송이 추수
(계 14:14-20)
진노가 황폐케 하는 자(단 9:27)
처처에 지진과 기근(마 24:7)

재앙
일곱째 나팔 : (계 11:15-19)-셋째 화
첫째 대접 : 짐승표와 그 우상(계 16:2)
둘째 대접 : 바다의 모든 생물이 죽음
(계 16:3)
셋째 대접 : 강과 물의 근원이 피로
(계 16:4-7)
넷째 대접 : 해가 사람을 태움
(계 16:8-9)
다섯째 대접 : 대접을 짐승보좌에 쏟음
(계 16:10-11)
여섯째 대접 : 유브라데 강이 마르고
(계 16:12-16)
일곱째 대접 : 큰 성 바벨론이 멸망
(계 16:17-21)
음녀 심판(계 18:1-24)
옛 뱀 마귀를 무저갱에
던져 넣음(계 20:1-3)

참 교 회

음 녀 교 회

〈도표 Ⅲ-10〉

"그 날들을 감하지 아니할 것이면 모든 육체가 구원을 얻지 못할 것이나 그러나 택하신 자들을 위하여 그 날들을 감하시리라"(마

24:22).

이 구절은 식량이 부족하여 하루 종일 일한 품삯을 가지고 밀 한 되나 보리 석 되를 사기에 딱 맞을 정도라는 뜻이다. 한 데나리온으로 밀을 사면 한 끼니의 식량이 되고 보리를 사면 세 끼니는 먹을 수 있는 정도이니 기름(감람유)이나 포도주를 살 만한 돈은 남지 않는다. 이러한 기근이 전쟁에 뒤따라 일어난다. 이 기근이 대환란의 죽음의 주요 원인이 될 것이다. 이는 기근 상황의 심각성을 드러내고 있다. 이것은 실제적으로 엄청난 식량난에 시달리는 모습을 소개하고 있다. 인류는 전쟁과 내란의 결과로 이제는 기근까지 맞이하게 되는 암담한 현실에 처하게 된다.

첫째와 둘째가 활과 창을 가졌지만, 세 번째 인 재앙에서 검은 말은 그 손에 저울을 가지고 등장한다. 저울을 가지는 이유는 무엇일까? 저울의 기능인 무게를 측정하기 위해서일 것이다. 이렇게 재앙은 참으로 견디기 어려울 것이다.

5) 넷째 인 재앙 - 청황색 말(계 6장)

"넷째 인을 떼실 때에 내가 넷째 생물의 음성을 들으니 가로되 오라 하기로 내가 보매 청황색 말이 나오는데 그 탄 자의 이름은 사망이

니 음부가 그 뒤를 따르더라 저희가 땅 사분 일의 권세를 얻어 검과 흉년과 사망과 땅의 짐승으로써 죽이더라(계 6:7-8).

어린 양이 넷째 인을 뗄 때 청황색 말이 나오는데, 그 말 탄 자의 이름은 사망이니 음부에 들어갈 자들이 이때 생기게(더 생기게) 된다.

여기에서 청황색은 흉년으로 사망과 기근과 전쟁으로 희생물이 될 때에 적그리스도(계 13:1)가 피비린내 나는 내란 등으로 죽일 것이라는 계시의 말씀이다(계 6:7-8). 넷째 청황색 말은 기근과 시체와 죽음을 상징한다(마 24:9). 마침내 비참한 최후를 맞이하는 세상의 모습이다.

청황색 말을 타고 나오면 꼭 음부의 권세가 뒤따른다는 것은 즉시 사망의 권세가 따른다는 것이다. 먹을 것이 없는 기근이 엄습해 오고, 청황색 말을 탄 자의 권세(적그리스도와 거짓 선지자들과 함께)는 땅 1/4에 해당하는 재앙의 권세를 갖는다. 땅의 짐승(거짓 선지자)이 기근과 무시무시한 사망 권세로 멸망의 땅의 범위를 세계의 1/4에 해당하게 잔포하고 죽이는 권세를 가질 것이나 하나님의 구원받은 백성들, 다시 말해서 그리스도께 붙어 있는 자는 그 어떤 경우에라도 하나님께서 틀림없이 지키신다는 계시이다(마 10:29; 계 12:6, 도표 Ⅲ-9).

다시 말해서, 음부가 그 뒤를 따른다고 함은 전쟁과 기근 때문에 사람들이 전염병과 땅의 짐승들의 희생물이 된다는 것이다. 놀라운 것은 땅 1/4이라는 숫자인데, 지금의 인구로 환산한다면 17억이 좀 넘는 사람들이 이렇게 죽임을 당한다는 것이다. 이것은 사소한 심판이 아니라 대심판임을 말해 주는 것으로, 처음 이 네 가지의 인은 이미 대환란에 들어섰다고 명백히 말할 수 있다(마 24:21-22; 렘 30:7; 단 12:1).

"슬프다 그날이여 비할 데 없이 크니 이는 야곱의 환난의 때가 됨이로다마는 그가 이에서 구하여 냄을 얻으리로다"(렘 30:7).

6) 다섯째 인 재앙 - 순교자들의 분노(계 6장)

"다섯째 인을 떼실 때에 내가 보니 하나님의 말씀과 저희의 가진 증거를 인하여 죽임을 당한 영혼들이 제단 아래 있어 큰 소리로 불러 가로되 거룩하고 참되신 대주재여 땅에 거하는 자들을 심판하여 우리 피를 신원하여 주지 아니하시기를 어느 때까지 하시려나이까 하니 각각 저희에게 흰 두루마기를 주시며 가라사대 아직 잠시 동안 쉬되 저희 동무 종들과 형제들도 자기처럼 죽임을 받아 그 수가 차기까지 하라 하시더라"(계 6:9-11).

어린 양이 다섯째 인을 뗄 때에 예수님을 증거하다가 죽임을 당한 순교자들의 영혼의 호소가 나온다(계 6:9-10). 지금까지 '인 재앙'에서 흰 말, 붉은 말, 검은 말, 청황색 말이 나왔으나 다섯째 인을 뗄 때에는 복음을 전파하다가 순교한 자들의 영혼의 호소가 나온다. 순교자들은 빨리 사탄-마귀 적그리스도와 거짓 선지자들을 심판하고 주님이 재림하셔서(계 19:11-16) 순교자들을 부활의 축복으로(살전 4:16-17) 인도하실 것을, 이루어 주실 것을 호소하는 것이다.

이들은 믿음의 정조를 지키고 어린 양에게 순종하고 증인이 된 자들이다. 이들은 종교다원주의와 음녀에게도 타협하지 않은 자들이요, 적그리스도에게도 경배하지 않은 자들이다. 또 짐승표 666을 받지 않고 순교한 자들이다. 이에 하나님은 죽임을 받아 순교한 수가 차기까지 기다려야 한다고 말씀하신다. 다니엘의 예언과 같이 하나님은 열강과 세계 역사를 주관하시는 분이시다. 이 일은 하나님의 정한 때(갈 4:4)에 이루어진다고 말씀하신다(도표 Ⅲ-9).

'제단 아래에 있는 영혼들'은 하나님의 말씀과 저희의 가진 증거를 인하여 죽임을 당한 사람들이다. 다섯 번째 재앙의 내용을 통하여 우리는 의인의 간구에 대하여 생각해 보게 된다. 하나님은 반드시 의인의 기도를 신원해 주신다는 사실을 확신케 된다. 하나님께 그 참됨을 밝혀 주시고 악이 더 이상 기승을 부리지 못하게 해달라고 간구하게 된다. 또 때가 되면 하나님은 반드시 밝혀 주실 것이다. 이렇게 믿고 그분의 방식을 따라가는 것이 신앙인의 올바른 발걸음인 줄 믿는다. 대환란 때에는 많은 영혼들이 순교를 당하게 될 것이다.

7) 여섯째 인 재앙 - 천체계의 이상이 옴(계 6장)

"내가 보니 여섯째 인을 떼실 때에 큰 지진이 나며 해가 총담같이 검어지고 온 달이 피같이 되며 하늘의 별들이 무화과나무가 대풍에 흔들려 선과실이 떨어지는 것같이 땅에 떨어지며 하늘은 종이 축이 말리는 것같이 떠나가고 각 산과 섬이 제자리에서 옮기우매 땅의 임금들과 왕족들과 장군들과 부자들과 강한 자들과 각 종과 자주자가 굴과 산 바위 틈에 숨어 산과 바위에게 이르되 우리 위에 떨어져 보좌에 앉으신 이의 낯에서와 어린 양의 진노에서 우리를 가리우라 그들의 진노의 큰 날이 이르렀으니 누가 능히 서리요 하더라"(계 6:12-17).

어린 양이 여섯째 인을 뗄 때에 천체계에 이상이 생긴다. 이 일이 실제로 일어나면서 영적으로도 장차 큰 사건들이 될 것이다. 큰 지진이 일어나고, 해가 어두워지며, 달이 피같이 되며, 하늘의 별들이 무화과나무가 태풍에 흔들려 과실이 떨어지는 것같이 땅에 떨어지며, 하늘은 종이 축같이 말리며(계 6:14) 산과 섬들이 옮겨질 것이다(계 6:12-14). 산과 각 섬들이 옮겨지는가 하면, 땅의 임금들과 귀족들과 부자들과 강한 자들이 굴과 바위 틈에 숨어서 어린 양의 심판을 피하려고 하나 어린 양의 진노와 큰 심판의 날이 다가오므로 그 누구도 피할 자가 없다는 하나님의 말씀이다(계 6:14-17).

2012년 11월에 태풍이 뉴욕 시를 강타하고 지나갔다. 그 당시 엄청난 피해로 바닷물이 해변과 주거 지역을 휩쓸고 지나가 한 달이 지나도록 전기가 복구되지 못하였고, 사람들이 다치거나 목숨을 잃었으며 그 잔해 또한 엄청났다.

앞으로도 우리가 사는 천체계에 이상이 생길 때는 감히 상상도 할 수 없는 일들이 일어날 것이다.

또 한편으로는 지금 영적으로 곤고하고 가련하면서도 너무나도 부유하다고 자처하면서 벌거벗은 자신을(창 3:7) 깨닫지 못하고 주님의 도움이 전혀 필요없다는 시대에 우리는 살고 있다. 이때에 진리가 어두워지고, 진리가 배교되고, 교회들이 파멸될 것과 많은 주의 종들이 말씀의 예언대로 해와 달과 별들이 떨어지는 것같이(계 6:12-14) 타락하며, 은혜가 떠나며, 예배와 예물을 금할 것이며, 황폐하게 될 것이고, 주의 종들은 거짓 종이 되며, 어린 양들을 삯꾼 장사에게 팔아넘기는 무시무시한 일로 인하여 이제도 후에도 없을 전무후무한 진노의 대환란이 올 것이라고 예수님은 말씀하셨다.

바다에서 올라온 짐승, 마지막 왕인 적그리스도와 세상에서 나온 거짓 선지자들 그러니까 음녀와 거짓 종들, 어린 양의 피에 씻음을 받지 못한 자들이 어린 양의 진노와 심판을 피하기 위해 굴과 산과 바위 틈에 숨었지만 그 누구도 예수님의 진노의 심판을 피할 자가 없다. 오직 피할 길은 예수님 한 분뿐이시다. 이 고난은 보통 있는 고난을 말한 것이 아니고 세계 역사 가운데서 가장 큰 재난의 기간에 있을 일이다(마 24:21).

예수님의 재림 때(단 9:24; 계 19:11-16; 마 24:29-30; 살전 4:16-17) ① 믿음을 지키기 위해 연단을 받은 자들 ② 짐승표를 받지 않고 경배하지 않은 자들 ③ 음녀와 거짓 선지자에게 진리를 왜곡-배교하지 않은 자들 ④ 어린 양의 피로 죄를 씻은 자들 ⑤ 참 교회의 성도들 ⑥ 예수님께 붙은 자들(요 15:1-17) ⑦ 자신이 성전이 된 자들(고전 3:16)만이 이 대환란의 진노와 심판을 피할 수 있다(도표 Ⅲ-9).

여섯째 인 재앙은 땅과 우주로 확대되는 것을 본다. 지진이 일어나고, 해가 어두워지고, 달이 피같이 변하고, 별들이 하늘에서 떨어지고, 하늘이 두루마리처럼 말리고, 산과 섬들이 사라진다. 이것은 전면적인 것은 아니지만 부분적인 생태계의 훼손을 의미한다. 안전한 곳이란, 안전한 삶이란 이 세상에는 없다. 하나님께서 흔들어 놓으시면 세상은 한순간에 무너진다. 그래서 성경은 우리가 우리의 전 소망을 주님께 두는 것이 가장 안전한 길이라고 누누이 강조한다. 그분을 삶의 반석으로 삼고 살아가는 사람이 현명한 것이다.

이제 우리가 주목해야 할 여섯 번째 인 재앙의 클라이맥스는 인간의 반응이다. 세상에서 소위 잘나간다는 사람들이 모두 두려움에 떨고 있다. 그 누구도 어린 양의 진노에서 피할 수 없다는 것을 말씀하신다. 요한계시록 6장은 두려움의 탄식으로 끝을 맺는다(계 6:15-17, 도표 Ⅲ-9).

8) 일곱째 인 재앙 - 반 시 동안쯤 고요해짐(계 8장)

"일곱째 인을 떼실 때에 하늘이 반 시 동안쯤 고요하더니 내가 보매 하나님 앞에 시위한 일곱 천사가 있어 일곱 나팔을 받았더라 또 다른 천사가 와서 제단 곁에 서서 금향로를 가지고 많은 향을 받았으니 이는 모든 성도의 기도들과 합하여 보좌 앞 금단에 드리고자 함이라 향연이 성도의 기도와 함께 천사의 손으로부터 하나님 앞으로 올라가는지라 천사가 향로를 가지고 단 위의 불을 담아다가 땅에 쏟으매 뇌성과 음성과 번개와 지진이 나더라"(계 8:1-5).

하늘이 반 시 동안쯤 고요해진다. 겨울에 세찬 바람이 불다가 저녁이 되어 그 바람이 그치고 주위가 적막할 정도로 고요해질 때 깊은 잠을 자고 일어나 창문을 열어 보니 하얀 함박눈이 온 세상을 가득히 덮고 있는 것과 같이 어린 양이 일곱째 인을 뗄 때 온 세상이 고요하였다. 아주 큰일이 일어나기 전 폭풍 전야처럼 앞으로 다가올 나팔 재앙의 공포와 두려움으로 긴장할 때 무서운 진노와 환난이 기다리고 있는 상태와도 같다(계 8:1).

이때 하나님을 돕는 일곱 천사가 나팔을 받아 나팔을 불려고 준비한다. 사도 요한은 그 고요 속에서 일곱 천사가 일곱 나팔을 받는 모습을 보며 일곱 나팔이 종말의 재앙의 나팔임을 선포한다(계 8:2). 그리고 또 다른 천사가 제단 곁에 서서 보배로운 많은 성도의 기도(금향로)를 천사의 손으로부터 받아서 하나님 앞으로 올라간다(계 8:3-5, 5:8; 시 141:2). 성도의 기도는 영적 전투에서 가장 강력하고 확실한 무기이다.

구약에서 솔로몬 이후 두 나라로 갈라진 남유다 왕 르호보암과 북이스라엘 왕 여로보암의 시기, 즉 주전 931년부터 주전 400년까지는 최대의 영적 전쟁 기간이었다. 이때 대선지자와 소선지자의 말씀과 회개와 기도로 그 영적 전쟁을 이겼으므로 창세기 3장 15절의 여자의 후손이 주후 1년에 세상에 오신 것이다. 또 사도행전

시대도 바로 이방인의 시대요, 이방인들이 구원을 받는 시대이다. 초대교회 당시 수많은 사람들이 순교를 당할 때도 사도 바울의 서신으로, 일반 서신으로 그 영적 전쟁을 이겨냈다. 앞으로 다가올 대환란을 통과하기 위해 우리가 꼭 갖추어야 할 것은 성도들의 기도이다(벧전 4:7; 계 8:4).

또 한 천사가 기도의 금향로를 가지고 단 위의 불을 담아다가 땅에 쏟는다(계 8:3-5). 여기서 불은 대환란을 상징하며 창세 이래로 없는 환난이다(히 12:29). 단 위의 불이 땅에 쏟아지는 대환란은 첫째로 뇌성이다. 뇌성은 애굽 전 지역에 내려졌던 열 가지 재앙의 모습이다. 뇌성은 엄청난 파괴력이 있다. 이는 하나님의 강력한 공의성과 진노성을 상징한다(출 9:23; 계 8:4). 두 번째 단 위의 불이 땅에 쏟아질 때 뇌성과 음성이 났다. 이 음성은 여호와 하나님의 위엄과 권위성을 상징한다(시 29:4; 마 24:27; 계 8:5). 세 번째 단 위의 불이 땅에 쏟아질 때 대지진이 일어난다. 이 지진은 대환란의 심판이 얼마나 대규모인지를 말해 준다. 이때 일곱 나팔을 가진 일곱 천사가 나팔 불기를 준비하니라(계 8:6, 도표 Ⅲ-9, Ⅲ-10).

일곱째 인을 떼는 것이 가장 중요한 사건이라는 사실은 그 인을 떼고 나서 하늘이 반 시 동안쯤 고요하였다고 한 데서 확인할 수 있다. '세 가지의 일곱 재앙(인, 나팔, 대접)' 은 연결된 하나의 일곱에

다 포함된다. 즉 일곱 나팔은 일곱째의 인봉에, 일곱 대접은 일곱째의 나팔에 포함된다. 그러므로 세 가지 사건 가운데 사실상 단 하나의 연속된 사건이 있는 것이다. 그러므로 이 일곱째 인은 중요하다. 요한계시록 8장 1절부터 19장 10절까지의 모든 사건들은 실제로 서로 밀접한 연관성 가운데 종말을 향하여 달려간다. 결국 이 일곱 재앙의 시리즈는 독립된 실체가 아니다. 그러므로 일곱째 인 재앙에는 일곱의 모든 나팔들이 포함되고, 일곱째 나팔 재앙에는 일곱의 모든 대접들이 포함된다는 놀라운 사실이다.

반 시 동안의 고요는 일곱 인 재앙에서 이제 일곱 나팔 재앙으로 넘어가는 부분에서 반 시 동안의 고요한 극적인 멈춤(dramatic pause)을 둠으로써 긴장감을 고조시킨다. 요한계시록 7장의 위로가 끝나고 다시 시작되어야 하는 무시무시한 심판 전의 고요와 적막의 상태를 드러낸다.

기도의 한 장면을 보면 이제 하나님 앞에 시위한 일곱 천사가 일곱 나팔을 받는다. 반 시 동안의 고요함 이후에 금향로를 가진 여덟째 천사가 홀로 등장한다. 그 천사는 금향로를 가지고 많은 향을 받았는데, 그것이 다름 아닌 하나님의 백성들의 기도다. 그것이 천사의 손에 의해서 하나님 앞으로 올라가는 것을 본다. 더 재미있는 것은 하나님께 올라간 성도들의 기도가 변하여 다시 땅에 쏟아지는 것이다. 그때에 뇌성과 음성과 번개와 지진이 생긴다.

사실 곰곰이 생각해 보면 지금 이곳은 기도가 나와야 할 위치는 아닌 것처럼 보인다. 바로 앞에 등장했던 재앙보다 더 강도 높은 나팔 재앙을 쏟아 부을 수도 있을 텐데, 사도 요한은 기도에 대한 이야기를 불쑥 꺼낸다. 이렇게 기도를 제시하는 이유는, 하나님께서는 성도들이 드리는 기도를 가치 있게 여기신다는 것을 다시 한 번 분명하고도 구체적으로 확인시키고 싶으셨던 것이다. 또 하나님께서는 성도들의 기도를 지금도 듣고 계심을 특별히 강조하신다. 요한계시록 8장 3-5절에서 또 다른 천사가 와서 제단 곁에 서서 금향로를 가지고 많은 향을 받았으니 이는 모든 성도들의 기도들과 합하여 보좌 앞 금단에 드리고자 함이라.

요한계시록 5장 8절의 금 대접과 마찬가지로 향을 담은 금향로도 모든 성도들의 기도를 상징하고 있다. 기도를 통하여 땅 위에 진노가 임하는 장면을 보이는 것이다(도표 Ⅲ-10, Ⅲ-11).

나 팔 재 앙

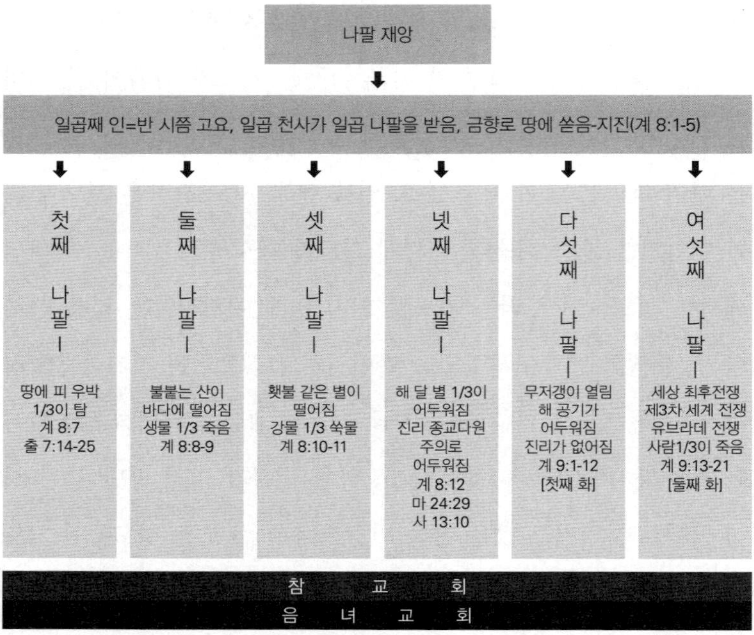

〈도표 Ⅲ-11〉

9) 첫째 나팔 재앙(계 8장)

"일곱 나팔 가진 일곱 천사가 나팔 불기를 예비하더라 첫째 천사가 나팔을 부니 피 섞인 우박과 불이 나서 땅에 쏟아지매 땅의 삼분의 일이 타서 사위고 수목의 삼분의 일도 타서 사위고 각종 푸른 풀도 타서 사위더라"(계 8:6-7).

드디어 첫째 천사가 나팔을 부니 피 섞인 우박과 불이 난다(출 7:14-25, 9:22-25). 땅에 쏟아질 때 땅 1/3이 타버리고 나무도 1/3이 타 없어지며 각종 풀이 타서 사라지는 자연재난이다(계 8:7). 이 재앙의 심판은 다른 나팔들의 대부분과 마찬가지로 땅의 1/3을 상하게 하였다. 반면 영적인 면에서도 불신앙과 갑작스런 죽음이 닥칠 것을 의미한다(도표 Ⅲ-10, Ⅲ-11). 이 첫 번째 나팔 재앙은 범세계적인 생태계의 파괴를 예고한다고 볼 수 있다. 그러므로 첫째 나팔 재앙은 피 섞인 우박과 불의 재앙이요, 땅과 수목이 파괴되는 심판이다.

10) 둘째 나팔 재앙(계 8장)

"둘째 천사가 나팔을 부니 불붙는 큰 산과 같은 것이 바다에 던지우매 바다의 삼분의 일이 피가 되고 바다 가운데 생명 가진 피조물들의 삼분의 일이 죽고 배들의 삼분의 일이 깨어지더라"(계 8:8-9).

둘째 천사가 나팔을 부니 불붙는 큰 산이 바다에 던지우매 바다의 1/3이 피가 되니라. 지금 이 시대에 여러 나라들이 핵무기를 만들고 또 보유하고 있다. 이 핵무기가 바다에 떨어지면 바다가 피로 되는 엄청난 대환란이 다가올 것이다(계 8:8-9). 이 일은 큰 지진으로 바다의 1/3이, 바다의 생명체 1/3이 죽는다. 영적으로는 많은 성도들이 적그리스도에 의해 영적 죽음에 직면하게 될 것이다. 또 바다에 떠 있는 배들의 1/3이 파괴되고 깨어졌다. 바다의 참상으로 인한 공해로 어마어마한 피해가 올 것이다. 영적으로 배는 교회요, 물고기는 초대교회를 상징하므로 둘째 나팔을 불 때 성도들은 영적 죽음으로, 교회들은 음녀의 교회로(계 12:13-17) 그 자체가 붕괴됨을 의미한다(계 8:8-9, 도표 Ⅲ-11).

여기에서 바다는 온 세계의 대양을 포함하고, 바다가 피로 변한 것을 두고도 여러 가지 해석이 제시되고 있다. 그것은 적그리스도 국가의 멸망, 또는 화산 폭발이나 그와 유사한 파괴로 인한 환경오염 때문에 변화된 바다 색깔을 뜻하는 것이라는 해석이다. 이것이 구체적으로 무엇을 말하는지는 단정하기 어려우나 한 가지 확실한 것은 피조계의 일정 부분이 파괴되고 있다는 점이다. 더 심각한 것은 배가 파괴되고 있다는 언급을 통해서 처음으로 이 재앙이 사람(인간)의 희생을 불러일으킬 가능성이 언급된다. 하나님의 심판으로서의 피에 관한 언급은 애굽에 대한 재앙에서도 나온다(출 7:14-22). 바다가 피가 되었기 때문에 바다 생물 1/3이 죽었고, 불붙는 산이 바다에 던져졌기 때문에 배들의 1/3이 깨어졌다고 이해하는 것이 타당하다.

11) 셋째 나팔 재앙(계 8장)

"셋째 천사가 나팔을 부니 횃불같이 타는 큰 별이 하늘에서 떨어져 강들의 삼분의 일과 여러 물샘에 떨어지니 이 별 이름은 쑥이라 물들의 삼분의 일이 쑥이 되매 그 물들이 쓰게 됨을 인하여 많은 사람이 죽더라"(계 8:10-11).

셋째 천사가 셋째 나팔을 부니 횃불같이 타는 큰 별이 하늘에서 떨어져 강들의 1/3과 여러 물 샘에 떨어져서 1/3이 쑥이 되니 이것을 먹은 많은 사람들이 죽게 된다(계 8:10-11). 이 일은 앞으로 셋째 나팔을 불 때 세계 열강들이 만들어 놓은 핵폭탄이 공중에서 터진다면 그 핵무기의 원자파(방사선)로 인해 파괴가 일어나고 많은 생명체가 죽게 됨을 의미한다. 영적으로 별은 주의 종들로서, 주의 큰 종들이 음행과 배교로 타락하게 되고, 종교가 하나 되기를 소원하는 종교다원주의와 적그리스도의 종교권으로 진리에 붙어 있는 참 종들을 배교시켜서 비진리(혹은 쑥)를 추종하는 거짓 종들이 되게 할 것이다. 그러므로 비진리로(출 15:22-27) 오염되어 많은 성도들의 영이 죽은 것을 말해 주고 있다(계 8:10-11, 도표 Ⅲ-11).

셋째 나팔에 이어지는 심판은 둘째 나팔의 것과 유사하다. 여기서는 하늘에서 땅으로 떨어진 큰 물체가 횃불같이 타는 큰 별이라고 되어 있다. 그 별이 강들의 1/3과 여러 물 샘, 즉 바다를 제외한 물에 떨어졌다. 그 별의 이름은 쑥이었다. 거대한 유성 혹은 별이 하늘에서 땅으로 떨어져 성경에 지적된 대로 물을 쓰게 만들어 그것을 먹는 사람들을 죽게 만들었다고 보는 것이 가장 타당한 듯하다. 셋째 나팔은 막대한 생명의 손실을 초래하는 두려운 심판이다.

이 세 번째 나팔 재앙은 횃불같이 타는 큰 별이 하늘에서 떨어지는 광경을 묘사한다. 그리고 물이 파괴되어 물의 1/3이 오염되었다. 그 물이 써서 많은 사람이 죽게 되었다. 두 번째 나팔 재앙이 바다에 피해를 주는 것이라면 세 번째 나팔 재앙은 물 샘을 오염시키는 것으로 다소간의 차이가 있다. 여기서 이 장면을 하늘에서 떨어지는 타락한 천사를 지칭하는 것이라고 해석하기도 하지만 요한계시록 8장의 맥락에서 볼 때 타락한 천사라기보다는 계속되는 자연계를 향한 재앙으로 이해하는 것이 자연스럽다.

물이 쑥이 되었다는 것은 이스라엘 백성들에게 "그러므로 만군의…이 백성에게 쑥을 먹이며…"(렘 9:15)라는 말씀이나, "그러므로 만군의 여호와 내가…그들에게 쑥을 먹이며 독한 물을 마시우리니 이는 사악이…"(렘 23:15)라는 구절을 생각나게 한다. 위의 세 가지 나팔 재앙 모두가 불로 내리시는 하나님의 진노임을 알 수 있다.

12) 넷째 나팔 재앙(계 8장)

"넷째 천사가 나팔을 부니 해 삼분의 일과 달 삼분의 일과 별들의 삼분의 일이 침을 받아 그 삼분의 일이 어두워지니 낮 삼분의 일은 비췸이 없고 밤도 그러하더라 내가 또 보고 들으니 공중에 날아가는 독수리가 큰 소리로 이르되 땅에 거하는 자들에게 화, 화, 화가 있으리로다 이외에도 세 천사의 불 나팔 소리를 인함이로다 하더라"(계 8:12-13).

넷째 천사가 넷째 나팔을 부니 해 1/3이 어두워지고, 달 1/3이 어두워지고, 별 1/3이 어두워지므로 낮 1/3이 비췸이 없고, 밤도 그러하더라고 했다. 영적으로는 진리가 어두워지고, 교회(달)가 큰 피해를 입고, 주의 종(별)들이 배교하고 타락하여 영육이 모두 혼동될 것이며 진리가 사라지는 현상이 있을 것이다(마 24:29; 사 13:10; 계 8:12, 도표 Ⅲ-10).

요한계시록 8장 12절의 넷째 나팔 소리에 하늘의 해와 달과 별의 빛 1/3이 어두워졌다. 해의 1/3이 없어졌기 때문에 낮의 1/3이 정상적인 빛을 잃었고, 달과 별도 빛이 없어졌기에 밤 1/3의 빛도 그러하였다. 앞의 세 나팔이 지상의 1/3에 재앙을 내린 것이라면 넷째 나팔은 하늘의 1/3에 대한 재앙이다. 네 번째 나팔 재앙은 해와 달과 별의 1/3이 어두워지는 광경을 묘사하고, 천체계의 이상 현상을 말하는 것이다. 3일 동안(캄캄한 흑암이 애굽 온 땅에 있어서-출 10:22) 짙게 깔린 어둠은 아홉 번째 애굽 재앙이라고 할 수 있는 흑암의 재앙을 상징한다. 이 네 번째 나팔 재앙은 출애굽기 10장 21-23절을 배경으로 한다. 빛을 잃은 어둠은 세상에 대한 심판을 말할 뿐 아니라 세상의 정체가 무엇인지를 암시한다. 세상의 특징은 어둠이라고 말할 수밖에 없다(도표 Ⅲ-11).

9. 대환란 중간(계 9장)

1) 두 증인 순교(계 11장)

"저희가 그 증거를 마칠 때에 무저갱으로부터 올라오는 짐승이 저희로 더불어 전쟁을 일으켜 저희를 이기고 저희를 죽일 터인즉 저희 시체가 큰 성 길에 있으리니 그 성은 영적으로 하면 소돔이라고도 하고 애굽이라고도 하니 곧 저희 주께서 십자가에 못 박히신 곳이니라 백성들과 족속과 방언과 나라 중에서 사람들이 그 시체를 사흘 반 동안을 목도하며 무덤에 장사하지 못하게 하리로다 이 두 선지자가 땅에 거하는 자들을 괴롭게 한 고로 땅에 거하는 자들이 저희의 죽음을 즐거워하고 기뻐하여 서로 예물을 보내리라 하더라"(계 11:7-10).

요한계시록 11장 7-9절에서 두 증인의 사역 기간이 끝났을 때 하나님은 무저갱으로부터 올라오는 짐승(계 9:1-2, 11, 17:8, 20:1-3)이 그들을(두 증인을) 이기도록 허락하셨다. 이 짐승, 즉 적그리스도는 요한계시록에 아홉 번 더 기록이 되고 있다. 두 증인이 죽임을 당한 뒤 그들의 시체는 백성들의 배교와 배신 때문에 '소돔이라고도 하고 애굽이라고도 하는' 예루살렘에 장사되지 못한 채 버려졌다. 사흘 반 동안 전 세계가 그 시체를 목도하였다. 이는 전 세계적인 구경거리였는데, 오늘날 텔레비전의 출현으로 이 광경을 시청(관람)하는 것이 가능해졌다. 세상 통치자들과 사탄은 이들의 죽음을 큰 승리로 여기고서 이를 축하하고 서로 예물을 보낸다.

두 증인이 다시 살아난 것은 하나님의 권능이 교회 공동체를 그리스도 안에서 다시 살리시는 것을 암시하는 대목이다. 예수님의 부활 승리가 우리의 승리의 전제 조건이 되는 셈이다. 우리가 고난을 당하고 겉으로 보기에 패하는 것처럼 드러날 때에도 예수님께서 패하지 않으셨기에 우리도 궁극적으로는 승리하게 된다. 또 부활의 영광은 교회 공동체의 대표인 두 증인의 것이요, 바로 우리의 것이기도 하다.

두 증인의 실제 현황을 보면, 두 증인은 전 삼 년 반이 이르매 뿔이 열이요 머리가 일곱인 짐승이 무저갱으로부터 나오는데 그 짐승(적그리스도)이 전쟁을 일으켜 저희를 이기고 죽일 터인즉 이 전쟁으로 적그리스도가 두 증인을 죽이게 되고 두 증인은 순교를 당하게 된다(계 11:7). 두 증인의 시체는 큰 성 길에 버려지고 진 밖에서 목도하는 처참한 상황이 벌어진다. 다시 말해서, 모세와 엘리야의 권세를 받았던 이 두 증인은 종말의 많은 참 종들과 같이 성 길가에서 순교되어 큰 성 길 옆에 버려져 있게 된다. 이때에 이 성은 영적으로 하면 죄악 도시인 소돔 혹은 애굽이라고도 하니 곧 저희 주께서 십자가에 못 박히신 곳이라고 했다. 유대인들이 430년간을 고통과 노예(종살이)로 있었던 그곳을 애굽이라고도 하며, 영적으로는 예수 그리스도가 십자가에 못 박히셨던 골고다 언덕과 같은 큰 성 길가 옆을 의미한다(계 11:8).

두 증인의 시체가 성 길가에 버려져 있다는 것은, 백성들과 족속과 방언과 나라를 초월한 전 세계 사람들이 그 참 종들의 시체를 사흘 반 동안 길에 버려두고 무덤에 장사를 지내지 못하게 한 것이다(계 11:9). 그 이유는 두 증인이 타락한 자들에게 말씀을 전하고 회개하라고 경고하였기 때문이다. 두 증인의 외침은 세상 사람들이 듣기 싫은 것이었고, 세상 사람들을 괴롭게 하였으므로 그들 역시 두 증인을 냉대하고 성 길가에 그냥 버려두고 장사도 지내지 않고 방치해 둔 것이다. 오히려 세상 사람들이 그것을 보고 기뻐한다는 것이었다. 이것은 마치 예수님께 빌라도가 사형선고를 내렸을 때 유대인들이 기뻐했던 것과 같다. 아무 죄가 없는 예수님을 십자가에 못 박았던 그때와 같은 일이 일어나는 것이다(마 27:25-29; 막 15:9-15; 눅 23:18-25; 요 19:15-22). 이렇게 땅에 거하는 자들이 두 증인의 죽음을 즐거워하고 서로가 서로에게 예물을 보내고 그들의(두 증인) 죽음을 기뻐하였다(계 11:10; 단 5:2-4).

또한 두 증인의 핍박과 죽음은 세상을 하나님의 거룩한 임재 앞에 세워서 세상 사람들을 철저하게 두렵게 만든다. 두 증인의 고난과 순교는 세상으로 하여금 하나님 앞에서 핑계치 못할 근거가 된다.

두 증인의 최종적인 승리는? 두 증인이 죽임을 당하나 요한계시록에서 계속 확인하는 것처럼 교회의 핍박과 환난은 교회에게 부여된 최종적인 운명이 아니라 오히려 필연적으로 거쳐가야 하는 정거장일 뿐임을 밝힌다. 교회 공동체가 이를 최종 목적지는 부활과 그 이후의 세계 안에서 영광을 누리는 지위를 획득하는 것이다. 본문에 보면, 그 두 증인은 3일 반 만에 다시 살아난다. 주목할 것은 두 증인의 부활이 살아나고 싶어서 된 것이 아니라 오직 부활의 첫 열매가 되시는 주님 때문에 주어진 것이라는 점이다. 하나님의 권능이 그리스도 안에서 교회 공동체를 다시 살리는 것임을 암시한다.

2) 예비처(계 12장)

"그 여자가 광야로 도망하매 거기서 일천이백육십 일 동안 저를 양육하기 위하여 하나님의 예비하신 곳이 있더라 하늘에 전쟁이 있으니 미가엘과 그의 사자들이 용으로 더불어 싸울새 용과 그의 사자들도 싸우나 이기지 못하여 다시 하늘에서 저희의 있을 곳을 얻지 못한지라 큰 용이 내어쫓기니 옛 뱀 곧 마귀라고도 하고 사단이라고도 하는 온 천하를 꾀는 자라 땅으로 내어쫓기니 그의 사자들도 저와 함께 내어쫓기니라 내가 또 들으니 하늘에 큰 음성이 있어 가로되 이제 우리 하나님의 구원과 능력과 나라와 또 그의 그리스도의 권세가 이루었으니 우리 형제들을 참소하던 자 곧 우리 하나님 앞에서 밤낮 참소하던 자가 쫓겨났고 또 여러 형제가 어린 양의 피와 자기의 증거하는 말을 인하여 저를 이기었으니 그들은 죽기까지 자기 생명을 아끼지 아니하였도다 그러므로 하늘과 그 가운데 거하는 자들은 즐거워하라 그러나 땅과 바다는 화 있을진저 이는 마귀가 자기의 때가 얼마 못된 줄을 알므로 크게 분내어 너희에게 내려갔음이라 하더라 용이 자기가 땅으로 내어쫓긴 것을 보고 남자를 낳은 여자를 핍박하는지라 그 여자가 큰 독수리의 두 날개를 받아 광야 자기 곳으로 날아가 거기서 그 뱀의 낯을 피하여 한 때와 두 때와 반 때를 양육받으매 여자의 뒤에서 뱀이 그 입으로 물을 강같이 토하여 여자를 물에 떠내려가게 하려 하되 땅이 여자를 도와 그 입을 벌려 용의 입에서 토한 강물을 삼키니 용이 여자에게 분노하여 돌아가서 그 여자의 남은 자손 곧 하나님의 계명을 지키며 예수의 증거를 가진 자들로 더불어 싸우려고 바다 모래 위에 섰더라"(계 12:6-17).

요한계시록 12장 6절에서의 그 구출은 여자가(여인이, 곧 교회가)

1,260일 동안 저를 양육하기 위하여 하나님의 예비하신 곳이 있는 광야로 도망을 했을 때 일어났다. 1,260일은 3년 반 또는 매월 30일씩 계산한 42개월의 기간이다. 대환란 시초에 있을 이스라엘 백성의 도망(마 24:15-16; 막 13:14)에 대하여 광야로 도망할 것이라고 한 것이나, 산으로 도망가라고 한 것이나 그것이 황폐한 곳이라는 점에서는 마찬가지이다. 이는 마치 이스라엘이 애굽에서 나와서 약속의 땅으로 가기까지 광야에서 기적적으로 돌보심을 입은 것과 같은 것이다. 1,260일이라는 기간은 다시 "한 때와 두 때와 반 때"로도 묘사한다(계 12:14). 이렇게 도망하는 사건에 뒤이어서 '하늘에서는 전쟁'이 일어난다.

이렇게 이어지는 광야의 때는 종말에 참 교회가 갖게 될 고난의 신앙을 말해 주고 있다. 광야는 사막지대로 목축도 할 수 없고 농사도 지을 수 없는, 그야말로 사람이 살 수 없는 사막지대이다. 구약의 이스라엘 백성들은 출애굽하여 광야생활을 했을 때 얼마나 육체적인 고통이 심했을까? 바로 종말 참 교회도 대환란을 피하기 위해선 광야 즉 교회가 갖게 될 고난의 신앙을 말하는 곳이 삭막하고 거처할 수 없는 곳이 예비처이다.

도망 간 여자(교회)를 위해 1,260일 동안 양육할 곳을 마련해 놓으셨다는 사실이다. 이 양육 기간은 대환란의 한 이레(단 9:27) 중에서 후 삼 년 반에 극심한 적그리스도의 환난의 기간 1,260일을 보호하신다는 것이다. 그 예비한 곳 광야 교회로 도망하라고 한 것은 광야 사막에서는 전적으로 하나님의 권능과 보호 가운데 살 수 있기 때문이다(출 15:22-27, 16:1-21). 종말의 대환란 후 삼 년 반의 기간에 도망 갈 예비처는 광야 교회 즉 참 교회이다. 참 교회는 머리가 예수님이시고 성전이 된 무리가 모인 교회를 통해서 특별한 방법으로 보호하신다는 것이다. 노아 홍수 때 구원받을 수 있었던 노아 방주, 아니면 소알 성(도피성)과 같은 곳이 참 교회이다.

그러므로 주님을 믿는 자는 포도나무에 붙어 있는 자들로(요 15:1-17), 어떤 형편에서도 하나님은 신실하시며 우리를 끝까지 지키시며 머리털 하나라도 상하지 않게 인도하신다는 그 말씀 그대로를 믿는 자들이다. 오직 우리가 할 일은 예수님께 붙어 있으면서 내가 성전(고전 3:16)이 되는 일뿐이다(새 언약을 믿는 자).

요한계시록 12장 8절에서 하늘 전쟁에서의 패배를 보면 우리는 사탄이 그리스도에게 패하기 전에 하늘의 전쟁에서 미가엘과 천사들에게 패하는 모습을 본다. 하늘의 천사들에게 패배한 존재가 사탄이다. 그렇다면 예수님과는 더더욱 싸움이 될 수 없는 존재들이다. 사탄이 그의 사자들과 함께 천사들에게 패하여 하늘에서 땅으로 쫓겨난 사실로 확인되는 바는 사탄이 결정적으로 패한 운명의 존재라는 것이다. 사탄이 신자들을 향하여 으르렁거릴 수는 있어도 신자들을 궁극적으로 해칠 수는 없다.

(1) 미가엘과 용의 싸움(계 12:3-13)

이 싸움은 하늘에서 일어나는 영적 전쟁을 의미한다. 우리의 싸움은 혈과 육의 싸움이 아니요 정세와 권세와 어둠과 이 세상을 주관하는 자들과 하늘에 있는 악한 영들에 대한 싸움이다(엡 6:12). 하나님의 군대 미가엘은 천사장으로 사탄과 그의 졸개들인 귀신들과 같이 영적 전쟁을 치른다(단 12:1-2). 영적 전쟁의 결과 사탄은 패하여 하늘에 거한 곳을 얻지 못하고 하늘에서 내어쫓긴다. 큰 용, 옛 뱀 곧 마귀-사탄이 하늘에서 있을 곳을 얻지 못하고 땅으로 쫓겨난다.

요한계시록 12장 7절에서 천사장 미가엘(유 1:9)과 그의 사자들이 사탄과 그의 사자, 즉 마귀들과 더불어 싸웠다. 언제 이 하늘의 전쟁이 일어나는지는 성경에 정확하게 나와 있지 않으나 분명히 마지막 때에 일어날 사건이다. 이 전쟁을 누가복음 10장 18절과 연결시켜 그리스도의 초림 때에 있었던 일이었으나 사탄은 전 교회시대에 걸쳐서 활발하게 활동하고 있다. 그러나 사탄의 결박은 천년왕국과 결부된 미래의 사건이다(계 20:1-3).

다시 말해서, 하나님의 구원과 능력과 그리스도의 권세가 이루어져 예수를 믿는 자들을 참소하던 자가 패배하여 쫓겨났다(계 12:10). 사도 요한이 다시 하늘을 보니 큰 음성이 들린다. 하나님의 구원 능력, 그리스도의 권세의 말씀으로만 영적 대적을 물리칠 수 있고, 우리는 십자가 보혈의 피로 하나님의 전신갑주를 입고 살아야 한다는 사실이다. 하늘의 사탄을 대적하고 이김으로 하늘에 거하는 자들은 그 대적을 이겨 우리 원수를 갚아 주신 것을 즐거워한다(계 12:12). 그러나 땅과 바다에 거하는 자들은 큰 재앙으로 화를 당하게 되는데, 이는 마귀가 자기의 때가 얼마 남지 않음을 알고 또 땅에 쫓겨남으로 땅에 남아 있는 자들에게 크게 화내고 짓밟는 것이다(계 12:12).

(2) 용의 핍박

땅으로 쫓겨나 분이 난 용(마귀)이 참 교회를 핍박할 것이다(계 12:13; 행 26:15). 이때 참 교회는 박해로부터 하나님께서 독수리 날개를 주는 것같이 성령의 인도로 보호하신다는 것이다(출 19:4; 계 20:6). 박해가 아무리 힘들고 무서운 일일지라도 하나님은 자기 백성을 성령으로 인도하시니 책임 있게 보호하신다는 것이다.

보호 장소는 어느 지정된 장소가 아니다. 이곳저곳도 아니고 산골짜기나 인적이 드문 곳도 아니다. 구약의 이스라엘 백성이 출애굽하여 갔던 광야 사막, 즉 신앙의 연단 속에서 참 신앙을 지키는 곳이 참 교회이다. 그곳은 전적으로 하나님의 보호를 받는 참 교회가 바로 예비처가 되는 곳이다. 뱀의 낯을 피하여, 대환란에서 핍박을 피하여 한 때와 두 때와 반 때, 즉 후 삼 년 반의 대환란 동안(단 9:27) 양육(보호)받는 곳이 예비처이다. 이곳은 광야 교회같이 전적인 하나님의 권능 안에서만 살 수 있는 곳이다. 그러나 뱀이 입으로 물을 강같이 쏟는다(토하여)는 것은 뱀의 입에서 나오는 비진리 즉 종교다원주의가 세상에 범람한다는 것이다. 세상에 토한 물(비진리)이 범람할 때에 종말의 대환란 속에서도 어떤 상황이든지 간에 하나님의 백성은 머리털 하나라도 상하지 않게 지키신다는 것이다. 하나님은 우리가 물 가운데를 지날 때도 함께하실 것이고, 강을 건널 때에도 물이 침몰치 못하게 하실 것이며, 불 가운데로 행할 때에도 타지 않을 것이요, 불꽃이 우리를 사르지도 못하게 하신다(사 43:2; 계 12:16, 도표 Ⅲ-12).

(3) 남은 자들과 용의 싸움(계 12:17)

종교다원주의, 비진리(분노한 용)가 참 교회(여자, 교회를 상징함)에 침투하여 참 교회에서 배출한 참 종(남은 자), 끝까지 하나님의 계명을 지키며 예수의 증인이 된 자, 성전이 된 자, 짐승표를 받지 않은 자, 짐승에게 경배하지 않은 자들(단 3:12)을 배교시키려고 세상에서 싸운다(계 12:12). 또 남은 자들과 용의 싸움은 바다 모래 위에서, 즉 이 세상에서 일어난다는 것이다(계 12:17).

요한계시록 12장 8-9절에 보면, 하늘의 전쟁의 결과로 사탄이 땅으로 내어쫓겼고, 여러 가지 이름들로 묘사된 그의 성격들이 드러나게 되었다. 그것은 곧 큰 용이며, 옛 뱀이며, 마귀 혹은 사탄이다. 하늘에 있는 사탄의 개념은 이해하기 어렵지만 그가 현재 성도들을 참소하고 있는 자인 것은 분명하다(욥 1:6; 계 12:10). 사탄은 그리스도의 초림 때에 패배하였지만(요 16:11) 그의 축출이 이제까지 보류되어 오다가 이제서야 시행되고 있다.

요한계시록 12장 8-9절에서 그는 환난기의 중간에 하늘에서 내어쫓긴다. 후에 그는 천 년 동안 결박될 것이다(계 20:1-3). 마귀는 결국 불과 유황의 못에 던져지게 된다(계 20:10). 그곳은 이미 천 년 전에 세상 통치자(적그리스도)와 거짓 선지자가 한 곳으로 던져져서 들어가 있는 곳이다(계 19:20).

사탄의 활동은 하늘에서나 땅에서나 그리스도를 반대하는 것이었다. 그는 하늘의 대제사장이신 그리스도를 대적하며, 대환란 때에는 사탄의 세계 통치를 통하여 또한 거짓 선지자인 땅의 짐승을 위하여(계 13:11, 20:10) 참 선지자이신 예수 그리스도를 대적한다. 사탄은 옛 뱀과도 동일시되고 또 마귀나 사탄으로 불리며 온 천하를 꾀는 자라고도 한다. 그가 땅으로 내어쫓겼을 때 모든 타락한 천사와 마귀들도 다 그와 함께 쫓겨서 땅으로 내려왔다.

요한계시록 12장 10-12절에 보면, 요한은 하늘의 큰 음성이 부르는 찬송 소리를 들었다. 그 찬송은 천년왕국의 도래와 더불어서 오는 하나님의 구원과 능력을 노래하는 것이다. 사탄은 하나님 앞에서 밤낮 신자들을 참소하던 자라고 불려졌다. 사탄이 패하고 쫓겨난 원인은 어린 양의 피와 형제들이 증거하는 말에 의해서였다. 그리스도께서 승리를 제공해 주시고 또한 순교자들도 그 승리에 한몫을 한다.

하늘에 있는 자들은 사탄의 패배에 대해서 즐거워하지만, 사탄이 "자기의 때가 얼마 못 된 줄을 알므로 크게 분내어" 땅으로 내려갔기 때문에 땅은 매우 조심을 해야 한다. 마귀는 자기의 때가 1,260일, 즉 대환란 기간 동안으로 제한되어 있음을 잘 알고 있다.

요한계시록 12장 13-17절을 보면, 용으로부터 박해를 받은 여자의 자손들에 대해 나타난다. 특히 13-14절을 보면, 1절에 나와 있는 여자는 맨 처음으로 사탄의 박해를 받은 대상이었다. 그런데 여자는 "…큰 독수리의 두 날개를 받아 광야 자기 곳으로 날아가…"(계 12:14; 사 46:11) 거기에서 박해를 피할 수 있는 초자연적인 도움을 받았다. 이 피난처는 어디인지 명시되어 있지 않다. 그러나 하나님께서는 그들에게 보호의 인(계 7:1-3)을 쳐주셨다고 한다. 참 교회의 참 성도들이다.

두 날개는 아마도 하나님의 구원의 능력을 나타낸 것으로 출애굽기 19장 4절이나 신명기 32장 11-12절과 같은 구절에서 이끌어낸 비유일 것이다. 이스라엘이 안전한 곳으로 옮겨진다는 것은 마태복음 24장 15-16절과 마가복음 13장 14절과 누가복음 21장 20-22절에도 언급되어 있다. 요한계시록 12장 6절과 14절은 사막에 있는 피난처를 말하고, 공관복음에서는 '산' 을 말하지만 '사막이나 산이나' 다 황폐한 곳이라는 점에서는 모순되지 않는다.

여자(교회)가 거기에서 보호를 받고 있는 기간은 '한 때와 두 때와 반 때'이다. 이 기간은 대환란의 후 삼 년 반을 가리킨다(단 7:25, 12:7). 단 42개월에 대해서는 요한계시록 11장 2절과 13장 5절에 명시되어 있다. 이렇게 특별하게 그 기간이 정해진 것으로 보아 대환란은 전 기간이 그리스도의 재림 이전 삼 년 반임이 분명하다.

요한계시록 12장 15-17절에서 뱀으로 묘사된 마귀가 여자(참 성도와 참 교회들)를 박해하려고 홍수가 나게 하여 여자를 떠내려가게 하려 하였으나 땅이 그 물을 삼켜 버렸다. 아마도 그 홍수 자체가 이스라엘을 박멸하려는 사탄의 노력이다. '이 온 땅에서 삼분의 이(2/3)는 멸절'하지만(슥 13:8), 어떤 방법을 사용해서든지 하나님은 친히 이스라엘을 도우셔서 완전히 멸망하지 않게 해주신다. 그 땅에 삼분의 일(1/3)의 이스라엘이 보존되지만 사탄, 즉 용은 그 나머지에 대해서도 또 전쟁을 일으키고 계속할 것이다. 요한계시록 12장에서는 마지막 때에 살아남은 백성들에 대해서 소개하고 있다. 그들은 이스라엘과 이스라엘의 남은 자들일 것이다.

예비처에 들어갈 수 있는 자

1. 도피성에 들어갈 수 없는 경우(민 35:16-21)
- 철 연장으로 사람을 쳐 죽인 자
- 사람을 죽일 만한 돌 연장을 들고 사람을 쳐 죽인 자
- 사람을 죽일 만한 나무 연장을 들고 사람을 쳐 죽인 자
- 미워하는 자를 기회를 엿보아 밀쳐서 죽인 자

2. 도피성에 피할 수 있는 경우(민 35:22-25)
- 원한 없이 사람을 죽인 자
- 우연히 사람을 밀쳐서 죽인 자
- 우연히 무엇을 던져서 사람을 죽인 자

3. 예비처에 들어갈 수 있는 자
- 참 교회
- 참 성도
- 참 신앙을 끝까지 지키는 자
- 슬기로운 다섯 처녀
- 예수 그리스도로 옷 입은 신앙을 가진 자
- 적그리스도와 그 우상에게 경배하지 않은 자
- 666 짐승표(Verichip) 받지 않은 자

〈도표 Ⅲ-12〉

3) 불이 섞인 유리 바다 같은 것—성도들의 찬미(계 15장)

"또 하늘에 크고 이상한 다른 이적을 보매 일곱 천사가 일곱 재앙을 가졌으니 곧 마지막 재앙이라 하나님의 진노가 이것으로 마치리로다 또 내가 보니 불이 섞인 유리바다 같은 것이 있고 짐승과 그의 우

상과 그의 이름의 수를 이기고 벗어난 자들이 유리 바다 가에 서서 하나님의 거문고를 가지고 하나님의 종 모세의 노래, 어린 양의 노래를 불러 가로되 주 하나님 곧 전능하신 이시여 하시는 일이 크고 기이하시도다 만국의 왕이시여 주의 길이 의롭고 참되시도다 주여 누가 주의 이름을 두려워하지 아니하며 영화롭게 하지 아니하오리이까 오직 주만 거룩하시니이다 주의 의로우신 일이 나타났으매 만국이 와서 주께 경배하리이다 하더라 또 이 일 후에 내가 보니 하늘에 증거 장막의 성전이 열리며 일곱 재앙을 가진 일곱 천사가 성전으로부터 나와 맑고 빛난 세마포 옷을 입고 가슴에 금띠를 띠고 네 생물 중에 하나가 세세에 계신 하나님의 진노를 가득히 담은 금대접 일곱을 그 일곱 천사에게 주니 하나님의 영광과 능력을 인하여 성전에 연기가 차게 되매 일곱 천사의 일곱 재앙이 마치기까지는 성전에 능히 들어갈 자가 없더라"(계 15:1-8).

일곱 천사의 등장(계 15:1-8)으로 요한계시록 15장 1-2절을 보면, 14장에 묘사된 하늘의 장면을 배경으로 하여 사도 요한이 하나님의 심판에 대하여 좀 더 자세한 것을 기록한다.

"하늘에 크고 이상한 다른 이적"을 보았다. 즉 이 땅에 쏟아 붓는 '하나님의 진노'의 최후 단계인 '마지막 일곱 재앙'을 가진 '일곱 천사'를 본 것이다. 이 마지막 '이적'(표적)은 앞서 요한계시록 12장 1

절에 나온 여자의 큰 이적과 3절에서 보인 붉은 용의 이적에 뒤이은 것이다. 마지막 재앙의 양면적 성격으로는 하나님이 무섭고 맹렬하게 진노하시나 그 이유는 우리를 위해서이다. 요한은 계속해서 하늘에서 일어나는 이적을 본다. 일곱 천사가 일곱 재앙을 가졌는데, 하나님의 마지막 재앙이다(계 15:1). 이것은 일곱 인 재앙(계 6:1-17), 일곱 나팔 재앙(계 8:1-13, 9:1-21, 10:7, 11:14-19), 일곱 대접 재앙(계 16:1-21)이다.

이러한 일곱(인, 나팔, 대접) 재앙이 있기 전에 예수님께서는 요한에게 하늘 보좌를 보여주셨다.

> "…거룩하다 거룩하다 거룩하다 주 하나님 곧 전능하신 이여 전에도 계셨고 이제도 계시고 장차 오실 자라 하고 그 생물들이 영광과 존귀와 감사를 보좌에 앉으사 세세토록 사시는 이에게 돌릴 때에 이십사 장로들이 보좌에 앉으신 이 앞에 엎드려 세세토록 사시는 이에게 경배하고 자기의 면류관을 보좌 앞에 던지며 가로되 우리 주 하나님이여 영광과 존귀와 능력을 받으시는 것이 합당하오니 주께서 만물을 지으신지라 만물이 주의 뜻대로 있었고 또 지으심을 받았나이다 하더라"(계 4:8-11).

또 요한은 하늘에 증거 장막의 성전이 열린 것을 본다. 장막은 광야 시절에 이스라엘이 하나님을 만났던 장소이다. 증거는 모세가 시내 산에서 가져온 언약의 돌판, 십계명을 말한다. 더 넓게는 율법을 말할 수도 있다. 즉 땅에 거하는 자들이 하나님의 명령을 거절하여 심판을 받게 된 것이다.

네 생물이 진노를 가득히 담은 금대접 7개를 준다. 이는 하나님의 진노의 맹렬함과 그 궁극적인 측면을 드러낸다. 그 누구도 성전에 능히 들어설 수 없다는 것은 누구도 하나님의 최종 심판을 저지할 수 없음을 말하는 것이다. 결국 이것은 인간이 거룩하신 하나님 앞에서 깨어진 죄인으로 머리를 숙이는 것 말고는 소망이 없음을 알게 해준다.

하나님께서는 세상을 판단하시는 방식이 정확하기 때문에 의로우시다. 이것이 바로 하나님의 공의의 축이다. 여기까지 보여주신 것은 성도들이 대환란을 만날 때 이길 힘을 주시기 위함이다. 왜냐하면 하늘의 천국 문이 너무나도 아름답고 황홀하기 때문이다. 그러므로 성도들은 대환란이나 어떠한 환경에도 걱정할 필요가 없다. 하나님은 참 성도의 머리털 하나까지도 상하지 않게 하신다(사 43:2-3).

또한 요한은 "불이 섞인 유리 바다 같은 것"을 보았다. 이는 필경

(반드시 그렇게 되리라) 요한계시록 4장 6절에 기록된 바다와 같은 바다일 것이다. 그리고 이 바다 가에는 순교당한 사람들(계 7:9-17의 무리와 동일함)이 있음을 말할 수 있다.

(1) 불이 섞인 유리 바다 같은 것

요한은 불이 섞인 유리 바다를 본다. 이 부분도 대환란을 통과할 참 성도의 경건한 모습의 입장에서 해석해 보면, 바다 위에 유리가 있는데 그 바다는 파도가 없고, 불이 섞인 것은 세상이 대환란 속에 있음을 상징하고 있다. 바로 적그리스도의 우상에게도 믿음의 정조를 지키고 승리한 자들이 참혹한 적그리스도의 짐승의 수(666 짐승표)를 이기고 벗어나 세상의 대환란 위에 서게 된 것이다. 그것이 하나님의 전적인 보호와 은혜인 것을 알고 하나님께 감사와 찬양을 드리면서 승리한 성도들이 거문고를 가지고 모세와 어린 양의 노래를 부른다. 요한계시록 15장 3-4절을 보면, 이 둘은 서로 다른 노래로, 전자는 이스라엘에 대한 하나님의 신실하심을, 후자는 대환란 기간에 그들이 처한 현재 상태와 관련된 것이다.

요한계시록 15장 3-4절의 찬양에서는 하나님이 행하신 큰일, 공의, 진리(계 16:7), 영광, 거룩 등을 찬송하고 있다(계 4:8). 그리고 만국이 하나님께 경배할 것이라는 예언으로 끝을 맺는다. 하나님께 대한 찬양과 만국이 경배할 것이라는 예언은 다른 성경들과 일치하고 있으며, 물론 그리스도의 재림 후에 있을 천년왕국에서의 전 세계적인 경배와 관련되어 있다(시 2:8-9, 24:1-10; 슥 14:9). 그리스도의 재림으로 끝나게 될 하나님에 대한 모독과 사악의 무서운 시기에 이어서 그다음 세대에는 하나님의 심판과 거룩의 보복이 확실히 드러날 것이다. 하나님은 전능하시며, 만왕의 왕이시며, 하나님의 일은 크고도 놀라우시며, 주의 길은 의롭고 참되시며, 오직 주만이 거룩하시다. 주의 의로우신 일이 나타났으매 모든 백성이 주님께 경배한다라고 찬양하는 광경이다(계 15:3-4).

요한계시록 15장 5-8절에서 요한은 천상의 환상을 계속 보는 가운데 증거 장막이라고 묘사된 성전을 보았다. 하늘의 성전은 땅 위에 있는 성전과는 매우 다를 것이다. 그 성전이 열리자 재앙을 가진 일곱 천사가 나왔다. 천사들이 입은 맑고 빛난 세마포 옷은 자기들의 순결을 상징하고, 가슴에 띤 금띠는 하나님의 영광을 강조한다. 또 요한은 네 생물 중 하나가 일곱 천사에게 하나님의 진노를 가득히 담은 금대접 일곱을 주는 것을 보았다. 이 일들이 있자마자 성전에 연기가 차서 그 일곱 재앙이 마치기까지 아무도 그곳에 들어갈 수가 없었다(출 40:34-35).

전체적인 문맥으로 보아 요한계시록 15장 5-8절은 사악한 세계에 임박해 있는 하나님의 심판의 두려움을 묘사해 주고 있다. 이제 막 쏟아 부어질 요한계시록 10장의 심판을 생각해 볼 때 이 불길한 전조는 이해할 만하다.

(2) 하늘에 증거 장막의 성전

요한은 하늘에서 증거 장막의 성전이 열린 것을 보게 된다. 이곳은 하나님을 만나는 곳이요, 주님께서 가까이 오고 계심을 의미한다. 이 일은 곧 '하나님의 구원 계획'(창 3:15)이 최종적으로 이루어지고 있음을 상징하는 것이다.

열린 하늘 문의 증거 장막을 보니 일곱 재앙을 가진 천사가 성전으로부터 나온다. 일곱 천사는 마지막 재앙을 가진 자들이며, 맑고 빛난 세마포 옷은 곧 성결의 복장을 입은 것이다. 가슴에 정금 띠를 두른 것은 제사장의 직분을 상징하며, 예수님의 임재하심을 뜻한다.

그런데 일곱 천사 앞에서 네 생물 중 하나가(계 4:6, 15:7) 하나님의 진노를 가득히 담은 금 대접을 그 일곱 천사에게 주니 이것은 바로 요한계시록 8장 13절에서 공중에 날아가는 독수리가 큰 소리로 이르되 "땅에 거하는 자들에게 화, 화, 화가 있으리로다"라고 한 것이다. 이 세 번째 화의 부분인 일곱째 나팔을 불 때(울릴 때, 계 10:7, 11:15-19) 동시다발적으로 일곱 대접의 재앙들이 쏟아진다(계

16:1-21).

특별히 일곱 번째의 대접 재앙을 살펴보자.

"일곱째가 그 대접을 공기 가운데 쏟으매 큰 음성이 성전에서 보좌로부터 나서 가로되 되었다 하니…"(계 16:17-21).

이렇게 이 재앙들은 끝이 없는 하나님의 무서운 진노를 상징한다. 이 금대접의 진노가 내려질 때 하나님의 영광과 능력이 성전에 가득히 찼다. 이 일은 하나님의 막강한 심판을 그 누구도 막을 수 없고 지연시킬 수 없음을 말해 준다(계 10:6-7).

4) 다섯째 나팔 재앙—첫째 화(계 9장)

"다섯째 천사가 나팔을 불매 내가 보니 하늘에서 땅에 떨어진 별 하나가 있는데 저가 무저갱의 열쇠를 받았더라 저가 무저갱을 여니 그 구멍에서 큰 풀무의 연기 같은 연기가 올라오매 해와 공기가 그 구멍의 연기로 인하여 어두워지며 또 황충이 연기 가운데로부터 땅 위에 나오매 저희가 땅에 있는 전갈의 권세와 같은 권세를 받았더라 저희에게 이르시되 땅의 풀이나 푸른 것이나 각종 수목은 해하지 말고 오직 이마에 하나님의 인 맞지 아니한 사람들만 해하라 하시더라 그러나 그들을 죽이지는 못하게 하시고 다섯 달 동안 괴롭게만 하게 하시는데 그 괴롭게 함은 전갈이 사람을 쏠 때에 괴롭게 함과 같더라 그날에는 사람들이 죽기를 구하여도 얻지 못하고 죽고 싶으나 죽음이 저희를 피하리로다 황충들의 모양은 전쟁을 위하여 예비한 말들 같고 그 머리에 금 같은 면류관 비슷한 것을 썼으며 그 얼굴은 사람의 얼굴 같고 또 여자의 머리털 같은 머리털이 있고 그 이는 사자의 이 같으며 또 철흉갑 같은 흉갑이 있고 그 날개들의 소리는 병거와 많은 말들이 전장으로 달려 들어가는 소리 같으며 또 전갈과 같은 꼬리와 쏘는 살이 있어 그 꼬리에는 다섯 달 동안 사람들을 해하는 권세가 있더라 저희에게 임금이 있으니 무저갱의 사자라 히브리 음으로 이름은 아바돈이요 헬라 음으로 이름은 아볼루온이더라 첫째 화는 지나갔으나 보라 아직도 이후에 화 둘이 이르리로다"(계 9:1-12).

요한계시록 9장 1-6절의 다섯째 나팔 소리 다음에 일어난 사건에는 상세한 설명이 덧붙여져 있다. 이것은 이 재앙들이 점진적으로 증가해 나가는 하나님의 심판에 있어 매우 중요한 단계의 시작이기 때문이다. 2절의 '저'와 11절의 '임금' 그리고 '하늘에서 땅에 떨어진 별'은 단순한 별의 조각이 아닌 어떤 인격이다(사 14:12-17; 눅

10:18). 넷째 천사가 나팔을 불 때에 사도 요한이 또 보고 들으니 공중에 날아가는 독수리가 큰 소리로 이르되 땅에 거하는 육적인 소욕을 좇는 자들에게 '화, 화, 화'가 있으리로다 한다. 이외에도 세 천사가 불 나팔 소리를 인함이라고 세 번을 외친다. 이 세 번의 화는 더 큰 재앙이 다가오고 있다는 말이다.

① 첫째 화는 다섯째 나팔 재앙이요

② 둘째 화는 여섯째 나팔 재앙이요

③ 셋째 화는 일곱째 나팔 재앙을 말한다.

공중에 나는 독수리는 하나님의 심판을 상징한다. 독수리는 시체를 먹는 새로, 하나님의 심판은 땅에 거하는 육적 소욕을 좇는 자들을 심판하시려는 하나님의 말씀이다(계 8:13).

요한계시록 9장 12절에 첫째 화라고 일컬어진 다섯째 나팔에 이어 역시 또 화라고 불리는(계 8:13) 마지막 두 나팔이 뒤를 따른다. 그리고 '땅에 떨어진 별'은 대환란이 시작되자 하늘에서 쫓겨난 사탄을 가리키는 것이 틀림없다(계 12:9). 그는 무저갱(바닥이 없는 구멍)의 열쇠를 받았다. 주님의 참 성도들이 주님과 천 년 동안 왕 노릇할 때 이 사탄은 천 년 동안 무저갱에 갇혀 있을 것이다(계 20:1-3). 또 그 연기 가운데로부터 전갈의 침을 가진 황충이라는 짐승이 올라오고 있었다. 그 황충들은 자연의 풀이나 나무를 해하는 것이 아니라 '이마에 하나님의 인을 맞지 않은 사람들'만 찔렀다. 그러므로 그날에 하나님을 아는 모든 사람에게까지 하나님의 보호하심이 미치게 된다(엡 1:13-14; 딤후 2:19).

다섯째 천사가 나팔을 부니 하늘에서 별 하나가 떨어진다고 한 이 별은 타락한 천사 계명성 마귀 루시퍼를 말한다(사 14:12). 하늘에서 땅에 떨어진 이 별이 무저갱의 열쇠를 받아 무저갱(마 10:28, 18:9, 23:15, 5:22; 벧후 2:4)을 연다. 이때 무저갱에서 고난의 연기가 나온다. 그 구덩이에서 큰 풀무의 연기 같은 연기가 올라와 해와 공기가 어두워지고 음부의 참상과 공포가 올라온다(계 14:11). 이로 인해 세상은 출애굽 때 애굽 땅에 내려진 그 흑암의 재앙(출 10:21)보다 더 무서운 재앙을 겪게 될 것이다. 영적으로는 진리와 영적 생명이 사라질 것을 보여준다(계 9:1-2).

구약에서의 황충들은 모든 식물들을 먹어 치워서 기근이 들게 하는 무서운 재난이었다(출 10:12-20; 욜 1:4-7). 그런데 이 황충은 식물을 먹지 않고 다섯 달 동안 사람들을 괴롭게 할 권세를 받았다(계 9:10). 그러므로 이것들은 황충의 모양을 한 마귀임에 틀림이 없다. 그들이 마귀들의 집인 무저갱에서 나온다는 사실이 이를 뒷받침해 준다(눅 8:31). 그 마귀들의 횡포가 얼마나 심한지 희생자들이 죽기를 원해도 자신의 생명조차 어찌 할 수 없을 정도이다. 또 풀무불 연기 속에서 황충들이 나오는데, 이 황충은 작은 바닷가의 가재 모양으로 꼬리가 길다.

(1) 황충의 권세

황충은 광야에서 불뱀 같은 권세가 있는 전갈인데, 땅의 풀이나 각종 수목을 해하지 말라고 한다. 황충의 전갈이 사람을 쏠 때의 그 고통은 이루 말할 수 없다. 이 황충은 꼬리에 독침을 가지고 있으며 극한 고통을 주는 전갈과도 같다. 이 고통으로 사람들이 죽고 싶어도 고통만 받을 뿐 죽을 수 없는 매우 심각한 괴로움이 올 것이다(렘 8:3). 황충은 영적 의미로 거짓 선지자를 상징하며(마 24:24), 거짓 선지자는 많은 사람들을 미혹하고 미혹하겠으며(마 24:5, 11), 땅에 있는 전갈의 권세와 같이 쏘므로 전갈이 주는 고통이 진정으로 거짓 선지자가 주는 고통과 다를 바가 없이 매우 혹독할 것이다.

> "저희에게 임금이 있으니 무저갱의 사자라 히브리 음으로 이름은 아바돈이요 헬라 음으로 이름은 아볼루온이더라"(계 9:11).

구약에서의 황충의 재앙은 실제적으로 식물에 집중해서 피해를 입혔지만 요한계시록에서는 이 황충들이 사람을 해하기 때문이다. 이 재앙은 특히 '인 맞지 않은 사람에게만 임하게 된다'. 무저갱이 열린 후에 벌어진 사건에서 황충이 '인 맞지 않은 자'를 해치는 것을 보면 진리로 무장된 성도들도, 교회의 일꾼들도 모두 거짓 선지자로부터 하나님께서 보호하신다는 것이다. 거짓 선지자에게 주시는 권세는 주님께서 재림 직전까지 회개하지 못한 백성들에게 회개할 수 있는 기회를 주시는 것이다. 특별히 이스라엘의 자녀들이 애굽 사람들에게 임한 재앙에서 보호받았던 것처럼 새로운 이스라엘(영적 이스라엘)도 이 재앙의 고통에서 멸망당하지 않을 것이다. 이것은 하나님께서 세상에 있는 불신자들과 주의 백성들을 구별하여 대우하시는 모습이다. 대환란 때 거짓 선지자의 큰 고통을 통해 성도들에게 보여주시는 혜택은 회개의 기도이다.

(2) 황충의 모습

황충의 모습은 전쟁을 예비한 말들과도 같고, 머리에는 금 같은 면류관 비슷한 것을 썼으며, 얼굴은 사람 얼굴 같고, 머리털은 여자의 머리털 같고, 그 이는 사자의 이 같고, 옷은 철흉갑을 입은 것 같고, 행진할 때의 모습은 황충의 날개 소리로 병거와 많은 말들이 전쟁으로 달려가는 소리와 같았다. 황충의 병기는 전갈과 같이 꼬리에 있는 쏘는 독살이 있다. 이것이 곧 황충의 모습이다(계 9:7-11).

요한계시록 9장 7-11절에서 황충의 모습을 다시 보면, 전쟁을 위하여 예비한 말과 같이 두려웠다. 사람의 얼굴, 여자의 머리털, 사자의 이, 철 같은 흉갑, 전장으로 달려가는 병거 소리와 같은 소리 등등.

사도 요한은 이렇게 본 것만 기록하였고 각 모습에 대한 해석은 없었다. 이제까지의 심판들이 단기간(짧은)에 끝났던 것과는 달리 이 심판은 다섯 달 동안이나 계속되었다(계 9:5, 10). 이 심판은 이미 앞의 심판에서도 알려진 바와 같이 대환란이 "…창세로부터 지금까지 이런 환난이 없었고 후에도 없으리라"(마 24:21) 한 것처럼 극심한 환난임을 확인해 주고 있다.

한편 영적인 황충의 모습은 영적 전쟁을 위하여 완전무장하고 있는 거짓 선지자의 모습이다. 거짓 선지자는 세상적 영광과 비진리를 가지고 일시적인 승리를 상징하고 노린다. 거짓 선지자의 얼굴은 지혜롭게 가장하며(고후 11:14), 세상 지식과 인격은 될 수만 있으면 우아하고 아름답게 보이려고 가장한다(고후 11:13). 이 거짓 선지자는 영혼을 해치는 황충의 잔인성과(욜 1:6) 같고, 약점이 많으며, 강한 방위력을 가지고 있음을 보여준다.

많은 거짓 선지자들이 곳곳에서 큰 집단을 이루고 비진리로 사람들을 해롭게 한다(사 9:15). 얼마 남지 않은 제한된 시간에 거짓 선지자는 예수님 재림 때까지 사람들을 해롭게 할 권세를 가진 자들이다. 이것이 바로 독수리가 외치는 첫째 '화'가 되는 다섯째 나팔의 핵심 재앙이다(도표 Ⅲ-10).

5) 여섯째 나팔 재앙－둘째 화(계 9장)

"여섯째 천사가 나팔을 불매 내가 들으니 하나님 앞 금단 네 뿔에서 한 음성이 나서 나팔 가진 여섯째 천사에게 말하기를 큰 강 유브라데에 결박한 네 천사를 놓아주라 하매 네 천사가 놓였으니 그들은 그 년, 월, 일, 시에 이르러 사람 삼분의 일을 죽이기로 예비한 자들이더라 마병대의 수는 이만만이니 내가 그들의 수를 들었노라 이같이 이상한 가운데 그 말들과 그 탄 자들을 보니 불빛과 자줏빛과 유황빛 흉갑이 있고 또 말들의 머리는 사자 머리 같고 그 입에서는 불과 연기와 유황이 나오더라 이 세 재앙 곧 저희 입에서 나오는 불과 연기와 유황을 인하여 사람 삼분의 일이 죽임을 당하니라 이 말들의 힘은 그 입과 그 꼬리에 있으니 그 꼬리는 뱀 같고 또 꼬리에 머리가 있어 이것으로 해하더라 이 재앙에 죽지 않고 남은 사람들은 그 손으로 행하는 일을 회개치 아니하고 오히려 여러 귀신과 또는 보거나 듣거나 다니거나 하지 못하는 금, 은, 동과 목석의 우상에게 절하고 또 그 살인과 복술과 음행과 도적질을 회개치 아니하더라"(계 9:13-21).

"그 시에 큰 지진이 나서 성 십분의 일이 무너지고 지진에 죽은 사람이 칠천이라 그 남은 자들이 두려워하여 영광을 하늘의 하나님께 돌리더라 둘째 화는 지나갔으나 보라 셋째 화가 속히 이르는도다"(계 11:13-14).

여섯째 나팔은 요한계시록 9장 13-21절에 기록된(단 11:40-45) 마지막의 무력 충돌과 매우 깊은 관련이 있는 듯하다. 여섯 번째 재앙의 내용은 금단에서 심판을 시작하라는 주권자의 음성을 듣는 것으로 시작된다. 이 제단은 하나님의 심판이 공의롭다는 것을 선포한다. 심판과 재앙이 하나님께서 허락하신 회개의 기회를 놓친 온 인류에게 미쳤다.

여섯째 천사가 나팔을 불 때 요한에게 하나님 앞 금단 네 뿔에서(출 30:2) 나는 한 음성이 들린다. 즉 성도의 기도가 응답을 받는 보좌로부터 음성이 나온다(계 8:3). 그것은 여섯째 천사에게 유브라데 강에 결박되어 있던 네 천사를 놓아주라는 지시였다(계 9:14). 그곳은 바벨론과 같은 큰 침략자가 일어났던 곳으로(사 8:5-8; 렘 46:10) 종말의 격전지로 상징이 되는 장소이다. 결박되어 있던 네 천사는(계 7:1) 땅의 사방의 바람(미국, 러시아, 중국, EU의 세력이다)을 붙잡은 자들이다. 네 천사의 놓임은 그 년, 월, 일, 시(정한 시간)가 정확히 정해졌고, 그때에 전 세계 인구 삼분의 일을 죽이기로 되어 있다(약

21억에 해당하는 숫자다). 이는 수많은 사람들을 사망으로 몰아넣을 것이다(계 9:13-21). 이 전쟁은 제3차 세계대전이 될 것이다.

둘째로 그 뒤를 따를 전쟁은 아마겟돈 전쟁이다. 이는 어린 양과 적그리스도의 전쟁이다(계 16:12-16). 셋째 전쟁은 곧 곡과 마곡의 전쟁으로 천년왕국 이후에 있을 전쟁을 말한다(계 20:7-10). 이 사건들은 다니엘 12장 1절과 예수님의 말씀(마 24:21)에서도 확증되듯이 전례 없이 극심한 것이어서 예수님의 재림으로 인해 멈춰지지 않는다면 모든 인류가 다 죽을 것이다(마 24:22). 유브라데 전쟁에 동원되는 군인은 이억(이만만)이요 내가 그들의 수(마병대의 수)를 들었노라(단 7:10; 계 9:16). 이들은 곧 사람 죽이기로 예비된 자들이다.

이같이 이상한 가운데 그 말들과 그 탄 자들을 내가 보니 이 군대들은 불빛과 자줏빛과 유황빛 흉갑이 있고 또 말들의 머리는 사자 머리 같고 그 입에서 불과 연기와 유황이 나오더라(사 5:28-29). 이 세 재앙 곧 저희 입에서 나오는 불과 연기와 유황으로 인하여 사람 삼분의 일이 죽임을 당하니라. 이 말들의 힘은 그 입과 꼬리에 있으니 그 꼬리는 뱀 같고 또 꼬리에 머리가 있어서 이것으로 해하더라. 황충의 입에서 불과 연기와 유황이 나온다는 것은 최첨단 신무기요 핵무기를 상징하며, 그것이 수많은 사람들을 죽일 것이다(계 9:18). 황충의 말들의 힘은 입과 꼬리에 있듯이(사 9:15) 거짓 선지자가 퍼뜨리는 비진리도 모두 이 뱀 곧 사탄의 머리에서 나옴을 상징한다(계 19:19).

유브라데 전쟁(무서운 전쟁)으로 전 세계 인구의 1/3이 죽는다. 그러나 살아남은 자들이 여전히 회개치 않고(계 9:20) 도리어 우상과 귀신을 섬기는 종교다원주의에 대한 배교가 극에 달할 것이다. 또 살인과 복술과 음행과 도적질을 회개치 아니하니라(계 9:21, 도표 Ⅲ-9). 더 나아가서는 잔포하여 파괴를 동반하는 혹독한 침략전임을 분명히 알 수 있다.

이 전쟁의 결과는 두 번 기록되어 있는데, 사람 삼분의 일이 죽임을 당한다(계 9:15, 18). 요한계시록 9장 20-21절에서 심판이 이렇게 파괴적이고, 그것이 하나님으로부터 온 것임이 분명한데도 사람들은 회개하지 아니하고 계속해서 귀신을 섬기고 우상에게 절을 하며, 살인과 복술과 음행과 도적질을 회개하지 않았다. 나팔 재앙도 점차로 강도가 심해져서 점점 사정이 더 악화되고 파괴적이 되어 갔다. 여섯째 나팔 심판으로 두려움을 가져다주었지만 회개를 하지는 않았다. 그런데 요한계시록 11장 13-14절(예루살렘에 대한 하나님의 심판)을 보면 그와 동시에 예루살렘에도 지진이 일어나서 그 성의 십분의 일이 붕괴되고 칠천 명이 죽었다. 하나님께 대하여 계속 반항과 반역을 하던 이전의 재앙들과는 달리 그 남은 자들이 두려워하여 영광을 하늘의 하나님께 돌렸다. 이리하여 둘째 화가 끝났으며, 일곱째 나팔 즉 마지막의 "셋째 화"가 남아 있다.

여섯 번째 천사가 나팔을 불었을 때 요한이 목도한 광경은 이만만(이억)이나 되는 마병대의 모습이었다. 여섯 번째 재앙의 내용은 금단에서 심판을 시작하라는 한 음성을 듣는 것으로 시작된다. 그 제단은 하나님의 심판이 공의롭다는 것을 선포한다. 오직 그들이 당하는 심판과 재앙은 하나님이 그들에게 허락하신 회개의 기회를 그들이 선용하지 않은 결과이기 때문에 나타났다. 이제 유브라데의 천사가 놓임을 받는다는 것은 하나님의 심판으로 상징되는 곳이다. 이곳은 종말의 격전지라고 생각하면 된다. 요한계시록에 나오는 아마겟돈(계 16:16) 전쟁도 동일한 장소일 것이다. 네 천사들이 놓였으니, 그들은 정확한 "그 년, 월, 일, 시"에 이르러 사람 1/3을 죽이기로 예비한 자들이었다. 유브라데 전쟁에서 그들이 행하는 일 역시 하나님의 주도적인 통제 아래서 진행될 것임을 분명히 밝히는 대목이다.

16절에 보면, 이만만이나 되는 마병대가 등장한다. 거대한 군대가 살상을 자행한다. 허다한 무리는 이스라엘이 직면했던 로마 군대들을 연상하게 하며 초자연적인 군대들의 모습이라고 본다. 그들은 바로 마병대로 악명이 높았다. 위에서 보았던 다섯 번째 나팔 재앙은 고통만을 주는 것이었으나 여섯 번째 재앙으로 드디어 죽음이 찾아온다. 마병대의 입에서 '불'과 '연기'와 '유황'이 나오는 것은 마병대가 지옥의 세력으로 사람을 죽이고 있음을 가리킨다.

위에서 고통을 피할 수 있는 죽음도 축복이라고 했는데, 이들에게는 죽음이 더 큰 고통으로 들어가는 관문이다. 세상에서 당하는 고통과 비교할 수 없는 영원한 고통을 천국 반대편에서 당해야 하는 것이다. 현재에서 영원으로 바뀌었을 뿐 고통은 끝없이 가중된다. 동시에 삶이라는 전쟁터에서 당하게 하는 적그리스도의 무서운 형벌도 주님께서 오시는 날까지 계속될 것이다.

죽지 않고 살아남은 자, 그들은 여전히 그들의 손으로 행하는 일들을 회개하지 않는다. 회개와 연결하는 것을 통해 우리 주님의 마음을 읽을 수 있다. 인간이 회개하지 않는 것이 주님께서 내리시는 심판의 이유이다. 주님의 심판이 공정한 이유가 여기에 있다. 계속되는 하나님의 심판에도 인생들이 자신의 완악함을 돌이키지 않음을 분명히 드러냄으로써 하나님의 심판의 정당성을 확증한다. 그러므로 마지막 날에는 아무도 핑계 댈 수 없다(롬 1:18-23). 예수님은 긍휼과 자비가 무궁하신 분이시다. 그러나 끝내 회개치 않는 자들은 심판하실 수밖에 없다. 그래야만 하나님의 공의가 세워질 것이기 때문이다(도표 Ⅲ-10).

꼭 읽어야 할 말씀 요한계시록(상)

2014년 2월 10일 인쇄
2014년 2월 15일 발행

지은이 | 라홍채
발행인 | 이형규
발행처 | 쿰란출판사

주소 | 서울특별시 종로구 이화장길 6(이화동)
TEL | 745-1007, 745-1301~2, 747-1212, 743-1300
영업부 | 747-1004, FAX/745-8490
본사평생전화번호 | 0502-756-1004
홈페이지 | http://www.qumran.co.kr
E-mail | qrbooks@gmail.com
qrbooks@daum.net
한글인터넷주소 | 쿰란, 쿰란출판사

등록 | 제1-670호(1988.2.27)

책임교열 | 박은아·박신영

값 12,000원

ISBN 978-89-6562-550-6 94230
ISBN 978-89-6562-552-0 세트